PROLIFERAÇÃO DE ARMAS DE DESTRUIÇÃO EM MASSA NO BRASIL

E O PAPEL DO COMPLIANCE

WA LN

Ana Lucia Tavares Cerqueira

Publisher: Washington & Lincoln University Press
First edition: JANUARY 2026 (Revision 1.0)

Author: Ana Lucia Tavares Cerqueira.
Title: Proliferação de Armas de Destruição em Massa no Brasil e o Papel do Compliance
Cover design: Washington & Lincoln University Press
Book design: Washington & Lincoln University Press
Proofreading: Washington & Lincoln University Press

E-book format: EPUB
Print format: Print format: Paperback- 6 x 9 inch

ISBN: 978-1-966958-42-0 (Print - Paperback)
ISBN: 978-1-966958-49-9 (e-book – EPUB)

Washington & Lincoln University and WALN University are trademarks of Washington & Lincoln University, Inc.
Washington & Lincoln University Press is a division of Washington & Lincoln University, Inc.
Orlando, FL, USA
https://press.walnuniversity.com • https://walnuniversity.com

Editora: Washington & Lincoln University Press
Primeira edição: janeiro 2026 (Revisão 1.0)

Autor: Ana Lucia Tavares Cerqueira.
Título: Proliferação de Armas de Destruição em Massa no Brasil e o Papel do Compliance
Design da capa: Washington & Lincoln University Press
Projeto gráfico: Washington & Lincoln University Press
Revisão: Washington & Lincoln University Press

Formato e-book: EPUB
Formato impresso: Capa mole - 6 x 9 polegadas

ISBN: 978-1-966958-42-0 (Impresso – capa mole)
ISBN: 978-1-966958-49-9 (e-book – EPUB)

Washington & Lincoln University Press é uma divisão da Washington & Lincoln University, Inc.
Orlando, FL, USA
https://press.walnuniversity.com • https://walnuniversity.com

PREFÁCIO

Sinto-me honrado em prefaciar a presente obra titulada "Proliferação de Armas de Destruição em Massa no Brasil e o Papel do Compliance", resultado de cuidadosa pesquisa acadêmica realizada por Ana Lucia Tavares Cerqueira, desenvolvida no âmbito do programa de Master of Science in Legal Studies da Washington & Lincoln University, dedicada ao relevante, tormentoso e ainda pouco explorado tema da prevenção da proliferação de armas de destruição em massa (ADM) e seu financiamento, com enfoque especial no papel do compliance no Brasil.

A Autora, com notável rigor científico e sensível compromisso com a proteção da sociedade e da ordem internacional, enfrenta um assunto que, embora costumeiramente associado apenas às grandes potências nucleares ou a regiões em conflito, afeta diretamente o Brasil, seja pela circulação de bens sensíveis, pela vulnerabilidade de setores econômicos estratégicos ou pelo risco de utilização do território nacional para operações transfronteiriças ilícitas ligadas a ADM e seus vetores de entrega.

A primeira parte da obra cumpre com maestria a tarefa de conceituar e contextualizar os elementos que compõem as armas de destruição em massa, incluindo armas nucleares, químicas e biológicas, bem como suas pseudoarmas, os bens de uso dual e os vetores de entrega. Ao destrinchar tais conceitos, a Autora revela ao leitor o grau de complexidade envolvido na contenção da proliferação em um mundo em que tecnologias originalmente destinadas a fins civis podem ser desviadas com relativa facilidade para fins bélicos.

A seguir, o estudo volta-se para a compreensão dos atores envolvidos no fenômeno da proliferação, tanto estatais quanto não estatais, analisando desde Estados detentores de arsenais considerados ilegítimos pela comunidade internacional até grupos terroristas que buscam, por vias ilícitas, adquirir materiais e competências para fabricar ou utilizar ADM. Torna-se evidente que o Brasil, ainda que não esteja no centro de tensões geopolíticas armamentistas, não está imune a riscos e tentativas de uso indevido de seu território e de suas instituições.

Destaca-se ainda o apurado exame das diretrizes internacionais de não proliferação, bem como das iniciativas voltadas à contraproliferação; estas últimas marcadas por uma dimensão coercitiva e operacional mais incisiva. O posicionamento brasileiro nesse contexto é apresentado de forma realista e crítica, ponderando entre a histórica defesa do uso pacífico da energia nuclear, o compromisso com a solução pacífica de conflitos e as vulnerabilidades internas que não podem ser negligenciadas.

A obra atinge seu ápice ao aprofundar o papel das áreas de compliance no enfrentamento ao financiamento da proliferação, elucidando a relação direta entre a agenda PLD/FT (prevenção à lavagem de dinheiro e ao financiamento do terrorismo) e a sua ampliação para o combate ao financiamento à proliferação de armas de destruição em massa. Fica evidente o protagonismo e relevância de atuação do setor privado nesse cenário, especialmente instituições financeiras e seguradoras, que precisam aprimorar mapeamentos de risco, controles internos, monitoramento contínuo e processos de devida diligência para mitigar ameaças emergentes.

A autora ainda apresenta um panorama normativo relevante e discute perspectivas futuras, enfatizando o desafio constante de adaptação regulamentar frente à evolução tecnológica e à criatividade criminosa. Expõe a necessidade urgente de políticas públicas e ações preventivas coordenadas, além de maior capacitação de profissionais que atuam em setores sensíveis, contribuindo para o fortalecimento da resiliência institucional do País.

A relevância deste trabalho, para além de verdadeiro manual, simplificando a compilação normativa brasileira aplicável, se impõe tanto no plano teórico-acadêmico quanto pragmático: ao disseminar conhecimento especializado sobre um tema de certa forma subestimado no Brasil, desperta a consciência de que a segurança global não é responsabilidade exclusiva de Estados nuclearmente armados, mas compromisso compartilhado por todas as nações que prezam pela preservação da vida humana, da paz mundial e da estabilidade econômica.

O presente trabalho, cuja extensão, complexidade e densidade não se faz possível sumariar nesse prefácio, traduz-se de leitura obrigatória àqueles que operam em matéria de compliance, dentre outras correlatas, nomeadamente no domínio das medidas relacionadas ao enfrentamento da proliferação de armas de destruição em massa. Com estas palavras, convido todos à leitura atenta e reflexiva desta obra que, com segurança científica e sólida fundamentação doutrinária, amplia o debate, provoca amadurecimento regulatório e reforça o papel do compliance como instrumento indispensável à prevenção de riscos de amplitude internacional e efeitos devastadores.

Outubro de 2025.

Robinson Fernandes

Professor Doutor, Pós-Doutoramento pela Faculdade de Direito da Universidade de Lisboa. Professor da Washington & Lincoln University (EUA). Membro do Conselho Editorial da Revista Forense. Training Specialist e Policy Analyst no

FATF Training Institute do FATF-GAFI/OCDE.

SUMÁRIO

SOBRE A AUTORA

Ana Lucia Tavares Cerqueira

Profissional com sólida experiência em Quality Assurance, Compliance e Resseguros, atuando desde 2017 em empresas renomadas do setor. Especialista em desenvolvimento e implantação de controles internos, due diligence anticorrupção (AML), KYC, LGPD, PLD/FT/P e regulação SUSEP. Forte atuação em auditorias internas, análise legislativa, elaboração de políticas e treinamentos multilíngues (português, inglês e espanhol). Experiência internacional com suporte a escritórios na América Latina, Estados Unidos, Inglaterra e Índia.

Mestre em Compliance pela Washington & Lincoln University, possui MBA em Gestão Jurídica de Seguros e Resseguros pela Escola de Negócios e Seguros e Pós-graduação em Direito Material e Processual do Trabalho.

INTRODUÇÃO

A presente obra volta-se ao debate sobre a prevenção à proliferação de armas de destruição em massa e seus vetores de entrega, bem como o seu financiamento e o papel do compliance. A relevância do tema é latente, pois, embora tenha íntima ligação com o problema de prevenção à lavagem de dinheiro (PLD), pouquíssimas vezes tal ligação é percebida. O fato é que o acrônimo PLD se estende para PLD/FT/P, ou seja, prevenção à lavagem de dinheiro, financiamento ao terrorismo e prevenção ao financiamento à proliferação de armas de destruição em massa. Tais questões estão, portanto, conectadas, devendo-se dar destaque à prevenção (P), dada a sua importância.

O assunto ainda é muito pouco debatido, mas tem consequências reais. Comumente, o setor privado, por não conhecer o problema, não atua na prevenção. É necessário conhecer a metodologia usada pelos criminosos para que haja proteção de possíveis graves danos às empresas e ao País. Neste contexto, a presente obra tem como finalidade responder à seguinte pergunta: qual é o papel do compliance na prevenção à proliferação de armas de destruição em massa e seu financiamento no Brasil?

Para tanto, analisou-se o panorama normativo e os mecanismos de prevenção da proliferação de armas de destruição em massa e seu financiamento, bem como a doutrina relevante sobre o tema. Procurou-se identificar o panorama normativo brasileiro e internacional com aplicabilidade no Brasil. Para isso, foram analisados Convenções, Tratados, Acordos, Resoluções Sancionatórias do Conselho de Segurança das Nações Unidas e as designações de seus comitês de sanções, bem como a doutrina pertinente ao assunto.

Inicialmente, foram conceituados os termos empregados no estudo e que são: armas de destruição em massa, pseudoarmas de destruição em massa, bens de uso dual (ou bens de uso duplo), vetores de entrega, proliferação de armas de destruição em massa, financiamento à proliferação, não proliferação de armas de destruição em massa, contraproliferação de armas de destruição em massa e desnuclearização.

Analisou-se o posicionamento do Brasil, bem como o financiamento à proliferação para entender a abordagem de prevenção ao financiamento de armas de destruição em massa e seus vetores de entrega. Foram, também, analisados os atores envolvidos na questão: quem são os grupos, pessoas e entidades envolvidos no financiamento à proliferação de armas de destruição em massa e seus vetores de entrega, sendo estados nacionais ou atores não estatais, que são os grupos terroristas.

De igual forma foi analisado o papel do compliance, especialmente no que diz respeito ao financiamento à proliferação, sua prevenção, destacando para isso o Grupo de Ação Financeira (GAFI) e o Conselho de Controle de Atividades Financeiras (COAF), com um enfoque, principalmente, no setor financeiro e no setor de seguros, pois estes trazem especificidades importantes. As tendências para o futuro também foram abordadas, em uma tentativa de antever possibilidades de prevenção.

CONCEITUAÇÃO DOS TERMOS

ARMAS DE DESTRUIÇÃO EM MASSA

Muitos acreditam que o termo armas de destruição em massa (ADM) se refere somente às armas nucleares. No entanto, dentre as ADM também figuram as armas químicas e biológicas. Tal expressão diz respeito à capacidade destrutiva de forma indiscriminada e às proporções gigantescas de tais armamentos. O Decreto nº 8.793 de 2016 (Brasil, 2016), que fixa a Política Nacional de Inteligência, apenas cita como ADM, no item 6.8, as armas químicas, biológicas e nucleares. Assim, nesta obra, as ADM foram consideradas as armas químicas, biológicas e nucleares.

Uma arma biológica espalha doenças de forma deliberada na população quando seus membros são expostos aos micro-organismos infectados ou às toxinas que ele produz, podendo, inclusive, afetar animais e plantas. As armas biológicas podem ser: bactérias, vírus, parasitas ou fungos. Os gregos e persas já se utilizavam dessas ADM, contaminando água com os corpos de pessoas infectadas, catapultando corpos infectados no território inimigo, entre outros (Barnaby, 2004, p.41). A arma biológica mais conhecida talvez seja o anthrax[1]: cerca de 30 kg poderia matar mais pessoas que a bomba atômica em Hiroshima,

---

1 O Anthrax é um tipo de doença que ocorre quando a bactéria Bacillus anthracis é inalada pelos pulmões. A mortalidade é de 95%, porque, normalmente ,a doença não é diagnosticada a tempo para possibilitar o tratamento (Barnaby, 2004, p.43).

ou seja, 30 kg de anthrax equivalem a 12.500 toneladas de trinitrotolueno ou TNT[2] (Barnaby, 2004, p.42). O Iraque prefere utilizar essa arma, pois além de ser muito letal, é fácil e pouco dispendiosa de ser produzida, estável e de simples estocagem. (Barnaby, 2004, p.43).

Já as armas químicas, segundo Barnaby (2004), podem sufocar, causar bolhas, matar ao entrar em contato com o sangue ou atacar o sistema nervoso, sendo, provavelmente, o agente mais conhecido, o gás sarin[3] (pp.55-56). Uma estimativa aponta que a explosão de uma ogiva contendo 300 kg de sarin mataria entre 200 e 3.000 pessoas, aí incluídas as mortes decorrentes da própria explosão e seus fragmentos e não pela ação desse agente químico isolado (Fagundes et al., 2019). O grupo Aum Shinrikyo, cuja doutrina é baseada numa síntese de aspectos do Hinduísmo, do Budismo e do Cristianismo, foi responsável por, pelo menos, 13 mortes e 980 lesionados pelo gás sarin lançado no metrô de Tóquio em 1995 (Reis & Carneiro, 2019, p.27). O Iraque, por sua vez, utilizou o sarin na guerra que travou com o Irã de 1982 a 1988 (Barnaby, 2004, p.91).

A opinião internacional observou a utilização de armas químicas e biológicos de forma tão temerosa que o primeiro documento a proibir a utilização dessas ADM com finalidade militar foi o Protocolo de Genebra, assinado em 1925, promulgado pelo Decreto Legislativo nº 39 de 15 de maio de 1970 (Brasil, 1970). O protocolo, no entanto, não proibiu a produção, a estocagem e a comercialização, por isso se fez necessária a Convenção Internacional assinada em Paris em 1993, e promulgada pelo Decreto nº 2.977 de 1 de março de 1999 (Brasil, 1999), que proíbe o desenvolvimento,

---

2 TNT é um explosivo.

3 O Sarin é uma das substâncias químicas mais letais que se tem conhecimento. Descoberto na Alemanha em 1938, é um líquido sem cor e sem cheiro, bem volátil, que normalmente é absorvido pelo corpo através da inalação. Os produtos químicos para a fabricação do sarin estão disponíveis no mercado comum e nenhum equipamento especial seria necessário (Barnaby, 2004, pp.56-57).

a produção, a estocagem e o uso de armas químicas, e sobre a destruição das armas químicas existentes no mundo.

Saddam Hussein ficou conhecido por utilizar armas químicas. Em uma dessas ofensivas, lançou bombas de gás sarin e mostarda contra o vilarejo de Halabja no Irã, matando entre 2000 e 5000 pessoas, dentre elas mulheres, crianças e civis. Os serviços de inteligência dos Estados Unidos da América (EUA), da França e da Inglaterra, identificaram que a Síria possui um dos maiores arsenais de armas químicas do mundo (Facciolli, 2017, pp.288-289).

Especificamente a respeito das armas biológicas, o Brasil promulgou, pelo Decreto nº 77.374 de 1 de abril de 1976 (Brasil, 1976), a Convenção sobre Armas Biológicas (CPAB), que proíbe o desenvolvimento, a produção e o armazenamento das armas bacteriológicas (biológicas) ou tóxicas e sua destruição. O documento foi assinado em Washington em 1972.

As armas biológicas são vistas por Facciolli (2017) como as mais letais, podendo assumir a forma de bioterrorismo, de vez que seu ataque pode ser operacionalizado de forma simples e os agentes são produzidos em laboratórios convencionais, portanto, seu custo é baixo (p.295). O primeiro ataque de bioterrorismo teria ocorrido nos EUA, no estado do Oregon, quando uma seita, na zona rural, espalhou salmonela em bares que vendiam salada no Condado de Wasco, objetivando influenciar um voto judicial. Um número de 75 pessoas relatou casos de intoxicação alimentar e 45 tiveram que ser hospitalizadas. Atores Estatais também são conhecidos por utilizar esse tipo de ADM: nos anos que antecederam a II Guerra Mundial, por exemplo, milhares de chineses civis foram mortos por ataque biológico do exército japonês que incluía jogar de aviões sacos de papel contento pulgas infestadas com o micróbio da peste (p.296).

A ADM mais temida e mais conhecida é a bomba atômica que, além de matar e ferir muitas pessoas, também é utilizada para destruir propriedades e cidades inteiras (Barnaby, 2004, p.13).

PSEUDOARMAS DE DESTRUIÇÃO EM MASSA

Existem outras armas que, embora possam causar destruição, não são consideradas ADM, mesmo que seu emprego gere uma letalidade maior do que o emprego de uma arma convencional. Por exemplo, um automóvel nas mãos de um sujeito cujo objetivo seja causar dano a um grupo de pessoas poderá causar a morte ou lesionar mais pessoas do que se ele usasse uma arma de fogo. Foi o caso do atentado terrorista em Las Ramblas, Barcelona, no qual um terrorista, na direção de um automóvel, entrou pela rua abalroando os transeuntes, matando 16 pessoas e ferindo 100 (Euronews, 17/08/2022). Embora as perdas humanas tenham sido muitas e o abalo psicológico imenso, este não foi considerado um ataque terrorista com ADM.

A bomba radiológica não é considerada uma ADM. Ela é comumente chamada de bomba suja, muito conhecida pelo seu nome em inglês Dirty bomb. A bomba radiológica não causa grandes perdas de vida, que ocorrem pelo explosivo convencional nela contido. O material radioativo seria disperso depois da detonação da bomba e diluído no ar em uma concentração pequena, acreditando-se que ocasionaria um pequeno aumento de risco associado ao câncer. O maior impacto desse tipo de bomba é o psicológico, semeando pânico e medo, por isso não é considerada uma ADM (Barnaby, 2004, p.38). Segundo Peruzzo (2012), a bomba radiológica é muito fácil de ser construída, pois não é necessário dispor de grande capacidade científica e tecnológica: os explosivos convencionais são fáceis de conseguir e o material radiológico também (p.130). Barnaby (2004) informa que fontes radiológicas potencialmente usadas para construir uma bomba suja podem ser encontradas em indústrias comuns, na agricultura e na medicina. Um ponto de preocupação é que o material não é guardado com a suficiente segurança e que, inclusive, já se sabe que existem muitas dessas fontes perdidas e roubadas e seu paradeiro é desconhecido (p.38).

Segundo Facciolli (2017, p.300), nenhum incidente com uma bomba radiológica foi reportado até então. No entanto, o medo de uma tentativa nesse sentido é relativamente alto, já que a tecnologia é conhecida e os terroristas têm recursos financeiros para tal.

Um artefato explosivo ou uma bomba comum, como as dinamites e as bombas caseiras, embora possam causar estrago e perdas de vidas inumeráveis, também não são consideradas ADM. Um exemplo foi o atentado ocorrido em 13 de novembro de 2015, na França. Naquela ocasião 129 pessoas morreram e 350 ficaram feridas. Foram seis ataques diferentes feitos de forma coordenada e, em um deles, um homem-bomba, filiado ao Estado Islâmico, se explodiu nos arredores do Stade de France, onde ocorria uma partida entre as seleções francesa e inglesa, assistida por milhares de espectadores (Fernandes, 2015). Embora seja muito impressionante pelo número de vítimas e pelo dano psicológico causado, não foram usadas ADM nesse ataque terrorista. No entanto, a acusação ao terrorista Tsarnaev[4] de crime com utilização de ADM sugere um alargamento da utilização do conceito de ADM (Shelley, 2014, p.309). Importante frisar que a utilização de uma bomba caseira é bem diferente do que se está explorando no presente trabalho.

BENS DE USO DUAL (OU BENS DE USO DUPLO)

A Lei nº 9.112 de 10 de outubro de 1995 (Brasil, 1995), que dispõe sobre a exportação de bens sensíveis e serviços diretamente vinculados, de forma bem simples, em seu art. 1º, §1º, item II, define os bens de uso dual como aqueles

---

4 Em 2013, dois irmãos de origem chechena, um deles chamado Tsarnaev, colocaram duas bombas caseiras na linha final da Maratona de Boston (Williams, 2015, p. xi).

que têm aplicação generalizada para utilização bélica[5]. A mesma lei classifica os bens de uso duplo como sensíveis, desde que sejam utilizados nas áreas nucleares, químicas e biológicas (§1º do art. 1º)[6]. Em relação às normas sobre a exportação de bens sensíveis, destaca-se ainda a Resolução nº 32 de 14 de outubro de 2020 (Brasil, 2020), que aprova a atualização das Diretrizes Gerais para Exportação de Bens Relacionados a Mísseis e Serviços Diretamente Vinculados e das Instruções para Realização de Operações de Exportação de Bens Relacionados a Mísseis e Serviços Diretamente Vinculados.

Um exemplo de bens de uso duplo são os fertilizantes convencionais com base de nitrato de amônio, que podem ser transformados em substâncias explosivas com certa facilidade (Facciolli, 2017, p.47). Isto significa que tais bens podem ser usados tanto para fins bélicos quanto para fins pacíficos, embora tenham sido desenvolvidos apenas para a utilização civil. Entre tais utilidades civis estão: geração de energia elétrica, medicina, agricultura, construção, entre outros.

A água pesada, urânio enriquecido e centrífugas que podem ser utilizadas em um reator de energia nuclear, como o faz o Canadá apenas para fins civis, podem ser utilizados para fazer uma bomba atômica (Barnaby, 2004, p.xv). A preocupação com a energia nuclear é latente. Peruzzo (2012) constata que a expansão da energia nuclear também leva à disseminação da mesma tecnologia que é usada para construir bombas nucleares:

> Na medida em que mais países adquirem a capacidade de enriquecer urânio, eles se tornam potências proliferadoras de armas nucleares. Os programas nucleares bélicos no mundo inteiro sobrevivem

---

5 Consideram-se bens de uso duplo os de aplicação generalizada, desde que relevantes para aplicação bélica.

6 "§1º Consideram-se bens sensíveis os bens de uso duplo e os bens de uso na área nuclear, química e biológica."

essencialmente à sombra dos projetos civis para geração de eletricidade através das usinas nucleares. Estas dão legalidade aos processos nucleares aos olhos das entidades fiscalizadoras internacionais. (p.176)

O mesmo equipamento usado para fazer armas biológicas é utilizado por cervejarias, portanto, é possível comprar no mercado comum sem levantar qualquer suspeita (Barnaby, 2004, p.51). O mesmo acontece com armas químicas: os componentes para fazer o sarin, por exemplo, também podem ser encontrados no mercado aberto (Barnaby, 2004, p.63). A tentativa de controlar os agentes utilizados em armas biológicas é ainda mais difícil, pois grandes empresas de biotecnologias e farmacêuticas temem que inspeções possam ser utilizadas para a espionagem industrial (Barnaby, 2004, p.100). Portanto, há muita resistência para que tais controles se materializem.

O Exército possui uma lista de bens controlados para exportação e, muitos deles, são de uso dual, como, por exemplo, o alumínio. Em 2016, foi comprovada a utilização pelo Estado Islâmico de alumínio brasileiro para a fabricação de armas (reportagem da Rádio França Internacional).

Cada país possui uma lista distinta de bens controlados a depender da tecnologia que produz para exportação. A lista de produtos cuja exportação é controlada pelo Exército Brasileiro está na Portaria COLOG[7] nº 118 de 4 de outubro de 2019 (Brasil, 2019) e no Decreto nº 10.030 de 30 de setembro de 2019 (Brasil, 2019). O Regulamento de Produtos Controlados está contido na Portaria do Ministério da Justiça e Segurança Pública (MJSP) nº 204 de 21 de outubro de 2022 (Brasil, 2022). A Polícia Federal é a responsável pelo seu controle. O Anexo I dessa Portaria contém a lista de produtos químicos cuja exportação é controlada.

---

7 COLOG é um órgão de Direção Setorial subordinado ao Comandante do Exército, eresponsável por coordenar todo o Sistema Logístico Operacional da Força Terrestre.

VETORES DE ENTREGA

De nada adianta ADM se ela não conseguir atingir o alvo pretendido e, para que isso ocorra, são necessários os vetores de entrega. Assim como ocorre com armas químicas, biológicas e até mesmo componentes para armas nucleares, os seus vetores de entrega não precisam ter sido criados para uso militar, podendo ser usadas tecnologias criadas para uso civil. Ou seja, os bens de uso dual também podem ser utilizados para a fabricação dos vetores de entrega e não apenas para a produção de ADM. Por exemplo, entre as formas de dispersar agentes químicos estão os sistemas de ventilação, ar-condicionado e dispersão, como ocorre com os inseticidas em uma plantação, veículos aéreos não tripulados (VANT) e aerossol (Fagundes et al., 2019, pp.171-173).

Em um documento obtido pela Polícia Metropolitana de Londres, integrantes do grupo terrorista al-Qaeda, acreditando que matariam por volta de 500 pessoas, planejavam detonar uma bomba contendo americium 147[8], utilizando para tal 10.000 detectores de fumaça (Sagan &Waltz, 2013, p.120).

Outros vetores de entrega incluem: aeronaves, cartuchos de artilharia, foguetes, armas de fragmentação e mísseis balísticos (Barnaby, 2004, p.51).

PROLIFERAÇÃO DE ARMAS DE DESTRUIÇÃO EM MASSA

Para Geraldo (2021), a proliferação pode ser definida como:

> a tomada de decisão por um Estado ou por uma parcela dentro dele, em favor da obtenção de armas de destruição em massa (ADM). Conforme diz Hak Neto (2011), a proliferação começa, na realidade,

---

8 Um produto químico radioativo sintético.

> antes da própria obtenção de ADM, iniciando com pesquisas, desenvolvimento, importação, venda e compra de artefatos prontos. (p.27)
>
> Alguns itens que foram, no passado, especificamente criados para serem utilizados em bombas, hoje podem ser encontrados em alto-falantes (Allison, 2004, p.12). Tanto é assim que o autor relata que um time de cientistas americanos do Novo México de Los Alamos foi capaz de fabricar uma bomba atômica (não uma bomba suja, mas uma bomba nuclear), utilizando apenas material encontrado legalmente em diferentes lojas, sem fazer nada ilegal (p.95). Essa é a grande bandeira vermelha para a proliferação.

Exemplificando um caso de proliferação com a utilização de bens de uso dual, destaca-se o caso da canadense/russa Kristina Puzyreva e de mais dois corréus que foram presos por alegadamente comprarem e enviarem 298 remessas, avaliadas em 7 milhões de dólares, de produtos eletrônicos, cuja origem era norte-americana, para a Rússia. Os componentes encontrados nesses produtos eletrônicos também podem ser usados em mísseis e VANT e foram recentemente encontrados em armamento russo e equipamentos ucranianos (United States Attorney's Office, Eastern District of New York, Press release, 2025).

Segundo Huntington (1996), a disseminação da capacidade militar é consequência do desenvolvimento econômico e social mundial; à medida que os países ficam mais ricos, tornam-se militarmente mais poderosos (p.231). Para esse autor, a arma nuclear foi a forma encontrada pelos fracos para compensar sua inferioridade convencional, e que os grupos terroristas serão capazes de produzir uma violência maciça, utilizando-se de ADM (p.233).

A proliferação propriamente dita é muitas vezes denominada proliferação horizontal porque muitos consideram que ainda exista a proliferação vertical. Proliferação vertical é a produção adicional, bem como o aperfeiçoamento qualitativo de armas nucleares, pelos países que já a possuem (Hak Neto,

2011, p.64). Embora a questão da proliferação vertical seja relevante, a atenção internacional, as normas relevantes sobre a proliferação de ADM focam apenas na questão de impedir a proliferação nuclear (e outras ADM) de forma horizontal, ou seja, para atores Estatais ou não que não as possuem (Geraldo, 2021, p.17). Nesta obra, a análise se restringiu à proliferação horizontal.

Entendendo-se o que é proliferação, há que se verificar quem são os responsáveis por ela. Existem dois atores responsáveis pela proliferação: os atores estatais e os atores não estatais.

Atores Estatais

Alguns Estados nuclearmente armados ingressam em práticas de proliferação com outros Estados não nuclearmente armados. Huntington (1996) exemplifica esse problema: a Rússia vendeu ao Irã submarinos, aviões de caça, caças-bombardeiros, mísseis terra-ar, prometeu construir reatores nucleares de água leve e forneceu equipamento de urânio. Em contrapartida, a Rússia esperava que o Irã contivesse a disseminação do fundamentalismo religioso na Ásia Central, bem como cooperasse para deter a expansão da influência turca na Ásia Central e no Cáucaso (pp.308-309).

Em 2002, ficou comprovado que a Coreia do Norte, após uma transferência financeira suspeita efetuada pelo Iêmen, transferiu a esse país 15 mísseis (Hak Neto, 2011, p.104). A Coreia do Norte já vendeu tecnologia de mísseis para Líbia, Irã, Síria e Vietnam (Allison, 2004, p.79). E já está comprovado que, desde 2010, a Coreia do Norte tem uma centrífuga moderna com a possibilidade de fabricar bombas nucleares com plutônio e urânio (Hecker, 2023, p.7), bem como possui armas químicas (p.307).

Outra preocupação é que diferentes Estados nuclearmente armados possam ingressar em uma guerra cibernética, atacando mutuamente os sistemas sensíveis de computadores. Segundo Jalalzai (2020), isto poderia ocasionar uma crise nuclear, a depender do sistema que fosse afetado (p.72).

A proliferação feita por Estados não fica restrita a interações com outros Estados. Em 2022, cinco cidadãos russos, incluindo um oficial russo, e dois cidadãos norte-americanos foram acusados pelo Departamento de Justiça norte americano de ajudar as forças armadas e as agências russas de informação a adquirir componentes eletrônicos de uso dual para finalidade militar (United States Attorney's Office, Eastern District of New York, Press release, 2024).

Há casos também em que os Estados são patrocinadores do terrorismo, como por exemplo, o Irã, apoiador do Hezbollah (Allison, 2004, p.6). Além de apoiar o Hezbollah, o Irã fornece armas, financiamento, abrigo e treinamento para o Hamas e a Jihad Islâmica Palestina (Ghazvini, 2013, p.3). O mesmo ocorre com o Iraque que, segundo o então Secretário de Defesa Americano Rumsfeld, poderia fornecer ADM a terroristas para usar contra os EUA (Nasser, 2021, p.115). Pensando nisso, a ONU, em 2004, adotou a Resolução no 1.540, internalizada pelo Brasil pelo Decreto nº 7.722 de 20 de abril de 2012, que obriga os Estados a interromperem qualquer apoio a agente não estatal no que se refere a: desenvolvimento, aquisição, produção, posse, transporte, transferência ou uso de armas nucleares, biológicas, químicas, bem como seus vetores de entrega (Brasil, 2012).

Existem, também, as questões de falta de segurança que envolvem Estados colapsados,[9] como é o caso da Somália e do Sudão, que não conseguem controlar a atividade terrorista dentro de suas fronteiras. Segundo Levi (2007), essa falta de controle facilitaria movimentações envolvendo ADM (p.34). Tentando combater esse problema, a Resolução no 1.566 de 2004, do Conselho de Segurança da ONU (ONU, 2004), insta os Estados a combater o terrorismo por todos os meios, em todas as suas formas.

---

9 Também conhecidos como Estados fracos, falidos ou colapsados. São níveis diferentes de debilidades institucionais e ineficiência estatal, incluindo o mau funcionamento de serviços públicos e a falta de monopólio do uso legítimo da força. Quando isso ocorre, parte da população não vê o Estado como legítimo e não se identifica com ele (Atzili, 2020, pp.757-782).

Segundo Barnaby (2004), há muitos Estados, incluindo Brasil, Argentina, México, África do Sul e Japão que, embora não possuam armas nucleares, têm tecnologia nuclear avançada e, por algum motivo, segundo esse autor, poderiam tomar a decisão de adquirir armamentos nucleares (p.68). Por último, Rodrigues (2009) destaca que alguns Estados adotam políticas de ameaça à paz, como, por exemplo, o Iraque de Sadam Hussein, o Afeganistão sob o domínio do Talibã, a Coreia do Norte de Kim Jong II. Estes poderiam, em tese, provocar problemas (p.62). O Iraque, por exemplo, já utilizou armas químicas e biológicas, inclusive contra sua própria população (Herz & Amaral, 2010, p.66).

No entanto, não só os Estados representam ameaça para a utilização de ADM; atores não estatais, como os grupos terroristas, também constituem risco.

Atores Não Estatais

Ayman al-Zawahiri, terrorista do alto escalão da al-Qaeda, declarou, certa vez, que operadores pertencentes a esse grupo terrorista foram à Ásia Central para comprar material nuclear portátil dizendo que bastava ter 30 milhões de dólares americanos e um cientista soviético descontente, pois, segundo ele, havia dezenas de bombas disponíveis (Nasser, 2021, p.96).

Jenkins (2008) acredita que a posse de armas nucleares por terroristas não os levaria a utilizá-las. Segundo o autor, se eles conseguissem demonstrar que as possuem, já teriam algo do status de uma nação e que isso, para eles, seria preferível a um ataque: o mundo estaria em alerta constante (Capítulo 15, parágrafos 43 e 46). Tal opinião não é uníssona. Medalia (2005), especialista em Defesa Nacional, reportou que um ataque terrorista nuclear nos EUA é possível e que teria trágicas consequências (Sumário, parágrafo 1).

Além da compra direta de uma bomba nuclear no mercado negro, é possível que um grupo terrorista tente roubar o arsenal de um Estado nuclearmente armado ou de um Estado que tenha um programa civil de energia nuclear (Facciolli, 2017, p.287). Outra possibilidade seria sabotar uma usina nuclear, causando um acidente nuclear, ou conseguir contrabandear produtos, insumos e ferramentas necessários para fabricar a sua própria ADM (Facciolli, 2017, p.300).

Embora tais fatos pareçam tirados de um livro de Armagedon, eles já fazem parte da atual realidade. Tanto é assim que havia um plano de terroristas Jihadistas para atacar uma Usina Nuclear na Bélgica, no ano de 2016, e graças à ação das autoridades desse país tal célula foi desmantelada e não houve qualquer ataque (Revista Exame, 24/3/2016). Gleason (2014) mapeou que, só entre os anos de 2000 e 2010, ocorreram nove ataques a instalações nucleares militares paquistanesas. No livro "Contagem Regressiva Até Zero Day" (Zetter, 2017), o autor conta a história por trás do vírus "Stuxnet", um código malicioso que viria a ser conhecido como a primeira arma digital do mundo, arma essa que causou destruição física real em armas nucleares iranianas, no ano de 2010. Experts acreditam que tal ataque poderia ter causado um acidente nuclear como o ocorrido em Chernobyl (Gleason, 2014, pp.75-77). Até então não se tem conhecimento da autoria de tal ataque, no entanto, fica o alerta da possibilidade de sabotagem, tanto às instalações físicas quanto às cibernéticas, necessitando ambas de proteção para evitar um ataque, pois, segundo Jalalzai (2020, p.113), hackers seriam capazes de usar conexões civis convencionais para acessar sistemas de armas nucleares.

Barnaby (2004) elenca algumas vezes em que grupos terroristas foram descobertos com a posse de materiais utilizados para a fabricação de ADM. Em 1972, alguns membros do grupo terrorista Order of Rising of the Sun foram presos em Chicago com aproximadamente 35 kg de cultura de bactérias tifoides. Com isso, os terroristas pretendiam envenenar o abastecimento de água da cidade de St. Louis; em 1980, uma grande quantidade de toxina botulínica foi encontrada em uma casa em Paris pertencente ao grupo terrorista Red Army Faction (p.110). Mais recentemente, em 2002, os Chechenos atacaram trens especialmente designados para transportar material nuclear na Rússia (Allison, 2004, p.33).

Facciolli (2017) destaca que esse é um conflito de 4ª Geração, pois, dentre outros fatores que compõem esse tipo de conflito, o Estado perdeu o monopólio da guerra, considerando que os que combatem são grupos que matam e morrem por uma ideologia (p.138). A Comunidade Internacional há muito clama por mais proteção e, nesse sentido, a ONU, por seu Conselho de Segurança, expediu a Resolução no 1.373 em 28 de setembro de 2001 (ONU, 2001), internalizada pelo Decreto nº 3.976 de 18 de outubro de 2001 (Brasil, 2001). Esta obriga todos os Estados Membros a adotarem medidas concretas para combater o terrorismo, inclusive o terrorismo com a utilização de ADM.

Para entender a complexidade desse problema, torna-se importante abordar a doutrina de estratégia militar nuclear conhecida pelo acrônimo MAD, que significa Mutual Assurance Destruction (Kaplan, 2020, p.91) ou, em português, Destruição Mútua Assegurada. Ortega (2018) a define da seguinte forma:

> é uma doutrina da estratégia militar em que o uso pleno das armas nucleares por dois ou mais lados opostos causaria a completa aniquilação tanto do lado que ataca quanto do lado que se defende. Essa doutrina se pauta na teoria de détente, que estabelece que a ameaça de usar armas de destruição em massa contra o inimigo previne o uso dessa mesma arma pelo inimigo. Esta estratégia provê certo equilíbrio no qual, uma vez armado, nenhum dos lados tem qualquer incentivo para iniciar um conflito ou desarmar-se. (pp.179-180)

Em outras palavras, MAD é a capacidade de ataque secundário, segundo a qual se um Estado Nuclear atacar um outro Estado, este terá a capacidade de atacar também como retaliação (Kaplan, 2020, p.117). Pode-se dizer então que ninguém atacaria ninguém porque o custo seria muito alto. Nesse sentido, Kaplan (2020) afirma que a dissuasão é a única finalidade de armas de destruição em massa (p.122).

Os estudiosos da dissuasão enfatizaram que as nações envolvidas no conflito devem transmitir uns aos outros uma certa irracionalidade em suas posições e visão de mundo, pois, segundo Sagir (2024), tal irracionalidade poderia ajudar a reforçar o poder da dissuasão. Na condição de dissuasão mútua, Narang e Sagan (2023) lembram que a vitória militar passa a não ter sentido, pois o ganhador pode destruir o perdedor e o perdedor pode destruir o ganhador; sendo assim, o que a dissuasão pretende é evitar guerras e não as ganhar (p.22). Ingressariam os terroristas na lógica do MAD? Ou teriam eles a sua própria lógica?

Além da possibilidade de um ataque em si, existe o perigo de um acidente ocasionar uma explosão, mesmo que acidental, já que dificilmente os terroristas guardariam um arsenal de ADM de forma adequada. O livro intitulado "Sob a Sombra do Terror" (Sasson, 2009), uma biografia de Bin Laden cujas histórias foram reveladas por um de seus 17 filhos e pela primeira esposa, conta que os explosivos usados em ataques terroristas eram fabricados na própria casa de integrantes da al-Qaeda e escondidos no jardim onde crianças brincavam (p.314).

NÃO PROLIFERAÇÃO DE ARMAS DE DESTRUIÇÃO EM MASSA

Geraldo (2021) descreve a não proliferação da seguinte forma:

> É definida pelo objetivo, por vias diplomáticas, de prevenir que haja proliferação, ou seja, evitar que um Estado venha a tomar a decisão política de adotar um programa com fins de estabelecer ADM. Sendo assim, ao assumir o compromisso de não obter ADM e ao se expor aos meios de verificação do cumprimento desse compromisso, tais como salvaguardas, inspeções e medidas de confiança com demais signatários, o Estado se insere no quadro da não proliferação. (p.27)

Segundo Hak Neto (2011):

> A não proliferação é definida pelo objetivo de prevenir, por meios diplomáticos, o surgimento da proliferação – ou seja, que um Estado venha a tomar a decisão política de dotar-se de ADM e dar início assim a um programa com esse fim. (p.33)

O documento mais importante a respeito do tema é o Tratado sobre a Não Proliferação de Armas Nucleares, assinado em Londres, Moscou e Washington, em 1 de julho de 1968, conhecido como TNP e internalizado pelo Brasil pelo Decreto nº 2.864 de 7 de dezembro de 1998 (Brasil, 1998). O tratado proíbe as cinco potências nucleares nele declaradas (EUA, Rússia, França, Reino Unido e China, que são os países que fabricaram e explodiram artefato nuclear antes de 1 de janeiro de 1987) de transferirem armas nucleares ou dispositivos que possibilitem a sua construção a países que não sejam os cinco dessa lista, intituladas Nações Não Possuidoras. As Nações Não Possuidoras, por sua vez, se comprometem a não adquirir nem fabricar armas nucleares, bem como a não receber auxílio para tal. Atualmente, quatro Estados não fazem parte do TNP e são nuclearmente armados: Índia, Paquistão, Israel e Coreia do Norte (Geraldo, 2021, p.9).

Ao analisar tal tratado, é possível concluir que ele visa a interromper a proliferação de armas nucleares, fornecer incentivos para os Estados que não vão buscar se nuclearizar, promover a cooperação internacional no que tange à utilização pacífica da energia nuclear, bem como seguir na tentativa de eliminar as armas nucleares.

Com o intuito de evitar a proliferação, o TNP estabeleceu as Salvaguardas Nucleares. Estas visam impedir o desvio de materiais nucleares. A Agência Internacional de Energia Atômica (AIEA) ficou responsável por efetuar verificações entre os signatários do acordo em atividades nucleares, controle de materiais e instalações nucleares, certificando-se de que a finalidade deles é pacífica e demonstrando isso a todos os Estados signatários que estão cumprindo o acordado (Peruzzo, 2012, p.185).

Posteriormente, foi editado o Tratado de Proibição Completa de Testes Nucleares, de suma importância, concluído em Nova Iorque em 24 de setembro de 1996, também conhecido pela sigla CTBT. Esse tratado foi internalizado pelo Brasil pelo Decreto Legislativo nº 64 de 2 de julho de 1998 (Brasil, 1998) e regulamentado pelo Decreto nº 2.074 de 14 de novembro de 1996 (Brasil, 1996), que Cria a Comissão Interministerial para a aplicação dos dispositivos da Convenção Internacional sobre a Proibição do Desenvolvimento, Produção, Estocagem e Uso das Armas Químicas e sobre a Destruição das Armas Químicas existentes no mundo (conhecido pela sigla CPAQ). Esse Decreto elenca, ainda, as obrigações e deveres dele decorrentes. Compõem, também, o arcabouço normativo visando a não proliferação, as seguintes normas: Decreto nº 2.977 de 1 de março de 1999 (Brasil, 1999), Decreto Legislativo nº 39 de 15 de maio de 1970 (Brasil, 1970) e o Decreto n º 77.374 de 1 de abril de 1976 (Brasil, 1976), dentre outras que serão aqui abordadas.

É verdade que o Brasil não assinou o Protocolo Adicional do TNP que permitiria a inspeção de suas instalações nucleares civis para que fosse possível certificar-se de que o programa nuclear civil para a geração de energia elétrica não está sendo desviado para finalidades nucleares bélicas, mas também é verdade que o Brasil assinou o Acordo Quadripartite entre o Brasil, a Argentina, a Agência Brasileiro-Argentina de Contabilidade e Controle de Materiais Nucleares (SCCC) e a Agência Internacional de Energia Atômica (AIEA) para a aplicação de Salvaguardas (ABACC, 1991), cujo texto foi aprovado pelo Decreto Legislativo nº 11 de 9 de fevereiro de 1994 (Brasil, 1994). Logo, o Brasil não permite inspeções com base no Protocolo Adicional do TNP, mas as permite com base no Tratado Quadripartite. Além disso, o Brasil assinou o Tratado de Tlatelolco, concluído na cidade do México, em 14 de fevereiro de 1967, para a Proscrição das Armas Nucleares na América Latina e no Caribe, internalizado pelo Decreto nº 1.246 de 16 de setembro de 1994 (Brasil, 1994), bem como o Acordo de Guadalajara em 1991 (Acordo para o Uso Exclusivamente Pacífico da Energia Nuclear, entre o Governo da República Federativa do Brasil e o Governo da República Argentina), internalizado pelo Decreto nº 439 de 2 de fevereiro de 1992 (Brasil, 1992).

O esforço combinado de diversos Estados espalhados pelo mundo resultou na conclusão de ainda mais acordos e tratados sobre a não proliferação, tais como o Tratado da Antártica de 1959, internalizado pelo Decreto nº 75.963 de 11 de julho de 1975 (Brasil, 1975), que estabelece que a Antártica é uma área livre de armas nucleares; Tratado sobre a Proibição da Colocação de Armas Nucleares e Outras Armas de Destruição em Massa no Leito do Mar e no Fundo do Oceano e em seu subsolo, internalizado pelo Decreto nº 97.211 de 12 de dezembro de 1988 (Brasil, 1988); Convenção sobre a Proibição do Uso Militar ou Hostil de Técnicas de Modificação Ambiental, internalizada pelo Decreto nº 225 de 7 de outubro de 1991 (Brasil, 1991); Tratado sobre Exploração e Uso do Espaço Cósmico, de 1967, que proíbe o uso da Lua e outros corpos celestiais para operações militares, internalizado pelo Decreto nº 64.362 de 17 de abril de 1969 (Brasil, 1969); Convenção sobre Proibições ou Restrições ao Emprego de Certas Armas Convencionais que Podem Ser Consideradas como Excessivamente Lesivas ou Geradoras de Efeitos Indiscriminados, conhecida como Convenção sobre Certas Armas Convencionais, adotada em Genebra, em 1980, internalizada pelo Brasil pelo Decreto nº 2.739 de 20 de agosto de 1998 (Brasil, 1998).

Apesar de todas as tentativas de frear a proliferação, existe um mercado negro nuclear que opera em todo o mundo. Segundo Jenkins (2008), existem dois tipos de mercado negro nuclear: o primeiro, mais sofisticado e utilizado pelos Estados, vende o know-how, a matéria prima, os projetos e os equipamentos avançados para a fabricação de armas nucleares, os materiais e os componentes específicos, bem como urânio enriquecido. Como tudo isso pode ser usado com finalidade civil, é possível mascarar a finalidade da compra (Capítulo 7, parágrafo 32). Um exemplo desse mercado foi dirigido por A.Q Khan durante anos no Paquistão. No livro "The Man from Pakistan," Frantz e Collins (2008) contam a história do cientista A.Q Khan e sua rede clandestina responsável por vender tecnologia nuclear para o Irã, a Coreia do Norte e a Líbia. Sua rede incluía empresas de fachada na Arábia Saudita, procuradores seus em países como Suíça, Áustria e África do Sul, contas bancárias na Suíça, Liechtenstein, Dubai, Macao, Hong Kong e Singapura, bem como acredita-se que esse cientista estivesse em conversa com líderes da al-Qaeda.

Haveria, ainda, o mercado negro de "baixo nível", no qual terroristas tentariam adquirir, segundo Jenkins (2008), armas de destruição em massa e materiais para sua fabricação. No entanto, pouco se sabe a respeito desse mercado: há muito sensacionalismo e informações de fontes que não são seguras. O que se diz é que o adquirido ali não serviria para nada, mas também há uma possibilidade de se conseguir algo considerado útil (Capítulo 7, parágrafos 39 e 40). Acredita-se que, em 1993, a al-Qaeda teria efetuado o pagamento de USD 1.5 milhão por um cilindro contendo urânio enriquecido, constatando, mais tarde, que tal urânio era falso (Levi, 2007, p.29).

A não proliferação, portanto, visa impedir a propagação de ADM pelo mundo com a utilização da diplomacia. No entanto, para muitos países, tais iniciativas não são suficientes, já que as nações não signatárias dos Tratados pertinentes a não proliferação não se sujeitam às limitações por estes impostas (Pergher, 2012, Capítulo 2, subcapítulo 3, parágrafo 12). Seriam necessários, portanto, meios coercitivos conhecidos como contraproliferação.

CONTRAPROLIFERAÇÃO DE ARMAS DE DESTRUIÇÃO EM MASSA

A contraproliferação não é nada novo. Lewis (2017), em seu livro "Caçada à bomba atômica de Hitler", conta a história dos aliados na Segunda Guerra Mundial que, para destruir o programa nuclear nazista, organizam um grupo especial de Operações do Reino Unido que caça cientistas nazistas, destrói a usina onde o artefato nuclear estava sendo produzido e inutiliza a matéria prima da bomba nuclear que estava sendo fabricada.

Entre os meios de contraproliferação, podem ser identificadas operações de interdição, ações de "neutralização" dos cientistas e gerentes de programas nucleares suspeitos, ataques por redes de computadores, operações de apreensão de bens sensíveis, ataques contra arsenais de ADM e instalações em desenvolvimento ou já operantes (Hak Neto, 2011, p.81).

Nesse contexto, criou-se, em 2003, a Iniciativa de Segurança Contra a Proliferação, conhecida pelo acrônimo PSI (Proliferation Security Initiative). Segundo a Declaração de Madrid, que a criou, qualquer participante da PSI poderá realizar interdições, desde que haja suspeita da presença de ADM ou materiais correlatos a bordo de navio. Tal interdição e confisco pode, segundo a PSI, ser efetuada em qualquer lugar, incluindo as águas internacionais, sem coordenação prévia ou explicações posteriores aos demais participantes (Hak Neto, 2011).

O Brasil não faz parte dessa iniciativa e as razões para isso são inúmeras (Pergher, 2012). O Brasil entende que a PSI é incompatível com a Convenção das Nações Unidas sobre o Direito do Mar (UNCLOS) de 1982 (ONU,1982), internalizada pelo Decreto nº 99.165 de 12 de março de 1990 (Brasil, 1990); e com o Direito Internacional (Capítulo 5, subcapítulo 7, parágrafo 1); o PSI seria apenas um instrumento político e não um Tratado Internacional (Capítulo 5, subcapítulo 7, parágrafo 2); a adesão do Brasil à PSI poderia causar enormes efeitos negativos à economia brasileira, que tem grande parte de sua produção exportada pela via marítima; não existe ainda a caracterização dos materiais que poderiam ser apreendidos, o que permitiria inspeções demoradas e dispendiosas (Capítulo 5, subcapítulo 7, parágrafo 5); a tradição brasileira na negociação de tratados que envolvem compromissos sobre o desarmamento, não proliferação e cooperação para usos pacíficos da energia nuclear é multilateral e a PSI é operacionalizada de forma bilateral, na qual o Brasil não teria o poder de veto; há enorme diferença de implementação das medidas de interdição entre os países membros, bem como o poder de decisão está centralizado largamente nos EUA, não partilhado com os países participantes, o que desagrada o Brasil (Capítulo 5, subcapítulo 7, parágrafo 6); há, também, incompatibilidade entre a forma que o Brasil tem para a resolução de conflitos e a PSI: esta utiliza a força, enquanto o Brasil preza a solução pacífica dos conflitos, segundo o art. 4º da Constituição Brasileira que estabelece em seu inciso VII a solução pacífica dos conflitos; o Brasil tem grande preocupação com a questão da utilização pacífica da energia nuclear, que seria dificultada caso assinasse a PSI (Capítulo 5, subcapítulo 7, parágrafo 8).

É correto afirmar, portanto, que o Brasil não aderiu às iniciativas contra a proliferação de ADM.

DESNUCLEARIZAÇÃO E O POSICIONAMENTO DO BRASIL

O desarmamento objetiva a eliminação de ADM para que seja possível a paz e a estabilidade. Essa pretensão é encontrada em diversos Tratados assinados e ratificados pelo Brasil, a exemplo das Convenções sobre Armas Biológicas, promulgada pelo Decreto nº 77.374 de 1 de abril de 1976, a Convenção Internacional sobre a Proibição do Desenvolvimento, Produção, Estocagem e Uso das Armas Químicas e sobre a Destruição das Armas Químicas existentes no mundo, promulgado pelo Decreto nº 2.977 de 1 de março de 1999 (Brasil, 1999) e Artigo VI da TNP[10] (Brasil, 1998). No entanto, não há ainda data estimada para que isto ocorra, considerado um grande ponto de crítica de Estados não nuclearmente armados.

Ainda assim, citam-se como exemplos de desnuclearização: a África do Sul, que destruiu todas as armas nucleares que já havia produzido (Huntington 1996, p.305); e o Brasil, que assinou o Acordo Quadripartite, promulgado pelo Decreto nº 1.065 de 24 de fevereiro de 1994 (Brasil, 1994), que tornou a América Latina e o Caribe uma zona livre de ADM (Ortega, 2018, pp.128-129).

A cooperação Brasil-Argentina é exemplar. Além do Tratado citado, em 1985, foi assinada a Declaração do Iguaçu (Brasil, 1985). A Declaração Conjunta sobre Política Nuclear foi assinada em 1991. Elas criaram a Agência Brasileiro-Argentina de Contabilidade e Controle de Materiais Nucleares (SCCC, 1990). Em 1998, foi internalizado, pelo Brasil, o Regime de Controle

---

10 Artigo VI da TNP: "Cada parte desse Tratado se compromete a entabular, de boa-fé, negociações sobre medidas efetivas para a cessação em data próxima da corrida armamentista nuclear e para o desarmamento nuclear, e sobre um Tratado de desarmamento geral e completo, sob estrito e eficaz controle internacional."

de Tecnologia de Mísseis assinado entre Brasil e Argentina (MTCR) com a publicação do Decreto nº 2.587 de 12 de maio de 1998 (Brasil, 1998).

O Brasil e a Argentina, antes rivais, optaram pela distribuição de poder e pelo controle mútuo na área nuclear, evitando, assim, a disparidade entre os dois (Ortega, 2018, p.127). Segundo Narang (2022), ambos os países apenas contemplaram a ideia de ter armas nucleares quando cada um deles pensou que o outro teria armas nucleares; no entanto, em nenhum desses dois países existiu uma estratégia real para desenvolver armas nucleares (pp.101-102). Ainda segundo o autor, não fazia sentido o Brasil se nuclearizar depois de descobrir que isso faria com que a Argentina se nuclearizasse também, neutralizando, assim, sua superioridade convencional.

O Brasil reconhece que, para se posicionar, é necessário fazer parte de regimes informais, e o MTCR não é o único deles. Em 1996, passou a integrar o Grupo de Fornecedores Nucleares, anteriormente conhecido como Grupo de Londres, que fora fundado como reação ao teste nuclear da Índia em 1947, dedicando-se à redução da proliferação nuclear, controlando as exportações e as transferências de material utilizado no desenvolvimento de armas nucleares. Com isto, o Brasil garantiu à comunidade internacional que o comércio de bens e insumos utilizados na área nuclear seria controlado por regras específicas (Ortega, 2018, pp.165-167).

O Brasil defende o retorno às negociações sobre a proibição da produção de materiais físseis para fins explosivos e, desde 1996, apresenta na Assembleia Geral das Nações Unidas um projeto de resolução que reconhece o estatuto da desnuclearização criado pelas quatro zonas desnuclearizadas: Tlatelolco, Rarotonga, Bangkok e Pelindaba, associando-se assim à Coalizão da Nova Agenda, junto a México, Egito, África do Sul, Suécia, Nova Zelândia, Irlanda e Eslovênia. Estes apresentaram uma declaração visando ao desarmamento nuclear geral: "Em Direção a um Mundo Livre de Armas Nucleares: Nova Agenda" (Ortega, 2018, p.167).

Peruzzo (2012) destaca que, apesar de diversos encontros e tratados, as potências nucleares nunca se desnuclearizaram, o que estimula outros países a adquirir a capacidade de construir armas nucleares. Para o autor, o melhor seria (o que muitos países defendem) tornar crime o uso de armas nucleares, mas tal proposta é sempre rejeitada pelas potências nucleares (pp.184-185). Mesmo assim, o Brasil segue na tentativa da desnuclearização. Em 1998, internalizou, pelo Decreto nº 3.128 de 5 de agosto de 1999 (Brasil, 1999), a Convenção sobre a Proibição do Uso, Armazenamento, Produção e Transferência de Minas Antipessoal e sobre sua Destruição, aberta para assinaturas em Ottawa, em 3 de dezembro de 1997, mais um tratado visando a um mundo livre de ADM.

Frente à postura do Brasil que é a de desnuclearização, poder-se-ia pensar que o Brasil não estaria na rota de proliferadores e daqueles que os financiam. Afinal, o Brasil fica distante, não é uma potência militar ou econômica, diretamente não apresenta ameaça nem para atores Estatais nem para atores não Estatais que porventura queiram adquirir e usar tais armas. Por que então tratar do assunto? O Brasil tem sido alvo, nos últimos anos, de uma variedade de atos criminosos que podem ser confundidos com terrorismo.

Segundo o art. 2º da Lei 13.260 de 16 de março de 2016[11], os motivos que levam um crime à possibilidade de ser enquadrado como de terrorismo no Brasil são: xenofobia, discriminação, preconceito de raça, cor, etnia e religião (Brasil, 2016).

O projeto da Lei Antiterrorismo de nº 101 de 2015 (Senado Federal, 2015) iniciado na Câmara dos Deputados incluía a motivação política como uma das possibilidades para caracterizar a prática de terrorismo em seu art. 2º §1º[12]. Tal projeto, enquanto esperava sua apreciação pela então Presidente

---

11 "Art. 2º O terrorismo consiste na prática por um ou mais indivíduos dos atos previstos neste artigo, por razões de xenofobia, discriminação ou preconceito de raça, cor, etnia e religião, quando cometidos com a finalidade de provocar terror social ou generalizado, expondo a perigo pessoa, patrimônio, a paz pública ou a incolumidade pública."

12 "Art. 2º Atentar contra pessoa, mediante violência ou grave ameaça, motivado por extremismo político, intolerância religiosa, preconceito racial, étnico ou de gênero

Dilma Rousseff, sofreu críticas de vários movimentos e organizações não governamentais no sentido de que criminalizava a luta social, tendo sido então retirado do texto da lei pela Câmara dos Deputados (Reis & Carneiro, 2019, p.55)[13].

Há, no art. 2º §2º da Lei Antiterror (Brasil, 2016), a excludente de movimentos sociais como atos de terrorismo, pois existe o receio de criminalizar atos sociais legítimos. No entanto, considerando como pressuposto que a pessoa ou grupo está defendendo um direito constitucional, legitimamente, não seria necessária essa excludente.

No dia 13 de novembro de 2024, um homem-bomba se explodiu em frente ao STF (BBC News Brasil, 14/11/2024). Embora, segundo o art. 107 I do Código Penal, Decreto-Lei n º 2.848 de 7 de dezembro de 1940 (Brasil, 1940), a punibilidade se extinga com a morte, é importante pontuar que se esse homem-bomba fosse condenado, não seria por atos de terrorismo, pois sua motivação foi política. Cumpre informar que a bomba utilizada nesse

---

ou xenofobia, com o objetivo de provocar pânico generalizado: Pena – reclusão de 16 a 24 anos.

§1º Considera-se terrorismo por extremismo político, para efeitos desta lei, o ato que atentar gravemente contra a estabilidade do estado democrático, com o fim de subverter o funcionamento de suas instituições."

13 Essa decisão tem impacto direto na análise dos eventos ocorridos posteriormente, como os ataques de 8 de janeiro de 2023. Nesse dia, o Palácio do Planalto, o Supremo Tribunal Federal (STF) e o Congresso Nacional foram invadidos e vandalizados. Até então, mais de 800 pessoas foram condenadas pelo STF por crimes como tentativa de abolição do Estado Democrático de Direito, golpe de Estado, dano qualificado, associação criminosa e deterioração de patrimônio público (STF, 2025). Nenhuma delas foi condenada por terrorismo nem deveria ter sido, pois a motivação dos crimes praticados no dia 8 de janeiro de 2023 foi política, não se tratando, portanto, de crime de terrorismo.

ataque não foi uma arma de destruição em massa, mas uma "bomba suja", uma pseudoarma, como já tratado aqui.

Outro episódio que se pode citar e ilustra a complexidade do tema foi trazido pelo filme "Sequestro do voo 375," que relata a história real do dia em que um homem, no ano de 1988, tentou jogar um avião Boeing com 135 passageiros sobre o Palácio do Planalto. Sua motivação, assim como no outro caso, foi política. Logo, mesmo que esse crime tivesse sido praticado hoje, ele tampouco seria considerado um ato de terrorismo

Segundo relata o próprio filme, e à título de curiosidade, informações sobre esse atentado teriam sido encontradas no esconderijo de Osama Bin Laden, um dos terroristas responsáveis pelo 11 de setembro (Revista Veja, 4/6/2024).

O Brasil também está no radar de redes pertencentes ao mercado negro para a compra de materiais que podem ser usados na fabricação de bombas atômicas. Uma quadrilha foi pega tentando vender urânio para o PCC que, ao final, era uma rocha comum. (Jornal A Folha de São Paulo, 14/4/2022). Esse último detalhe não deve trazer tranquilidade, porque se houve tal tentativa é porque há mercado, e o Brasil está na rota. Tanto é assim que, em 2014, a Polícia Federal, por outra operação policial, desarticulou um esquema que supostamente tentava vender urânio e pedras preciosas para grupos extremistas no exterior (Revista Veja, 27/11/2015). Essa mesma reportagem informou que, em 2012, duas toneladas de tantalita foram encontradas no subsolo de um edifício onde funcionava a representação militar do Governo da Venezuela em La Paz, capital da Bolívia. Foram acionadas tanto a Polícia Federal quanto a Agência Brasileira de Inteligência (ABIN).

E ainda mais, durante a Operação Hashtag, investigação da Polícia Federal do Brasil, deflagrada em julho de 2016, às vésperas dos Jogos Olímpicos do Rio, contra uma célula do grupo terrorista Estado Islâmico, ficou provado no processo (14ª Vara Federal de Curitiba) que um dos integrantes externou a ideia de provocar um extermínio em massa mediante a contaminação da estação de águas do Rio de Janeiro (Brasil, 2018). Ou seja, utilização de arma química, uma espécie do gênero ADM.

O cenário até aqui apresentado torna evidente a necessidade de prevenção e, para isso, é necessário tomar conhecimento dos riscos a que o Brasil está exposto, de modo a compreendê-los, monitorá-los e considerá-los, já que há possibilidade de ocorrência, com prejuízos potencialmente gigantescos de ordem reputacional, financeira e até mesmo de perdas humanas.

Os criminosos conseguem evoluir e se adaptar a novas realidades e tecnologias, por isso a temática não deve ser preterida, mesmo que o Brasil seja considerado de baixo risco e pacífico. O risco ser baixo não significa dizer que o risco é zero. Seguir monitorando e avaliando os riscos de proliferação e seu financiamento continua sendo importante, mesmo que a princípio não haja uma ameaça direta conhecida e iminente. Embora o financiamento à proliferação seja instrumental à proliferação que, por sua vez, é anterior à utilização de armas de destruição em massa, eles não se confundem. É possível que um caso de financiamento ocorra em um território, que a proliferação ocorra em outro e um ataque utilizando-se dessas armas ocorra ainda em outro território.

É imperioso sair dessa cadeia, particularmente porque grupos terroristas estão tentando utilizar o território brasileiro e seus recursos naturais para transferir de forma transfronteiriça materiais aos mais diversos grupos terroristas, o que coloca o Brasil e as empresas brasileiras vulneráveis ao risco não somente de financiamento ao terrorismo, como também à proliferação e seu financiamento.

FINANCIAMENTO À PROLIFERAÇÃO DE ARMAS DE DESTRUIÇÃO EM MASSA

Financiamento à proliferação de armas de destruição em massa é o fornecimento de fundos e serviços financeiros que serão utilizados, no todo ou em parte, para a fabricação, aquisição, posse, desenvolvimento, exportação, transporte, intermediação de armamento, uso de armas nucleares, biológicas, químicas, seus meios de entrega e materiais relacionados, incluindo tecnologias e bens de dupla utilização, empregados para fins não legítimos em violação ou não de leis nacionais e obrigações internacionais. Este tema será mais bem detalhado no capítulo de compliance.

No Brasil, há muitas normas sobre armas de destruição em massa. A própria Constituição Federal do Brasil de 1988 (Brasil, 1988) estabelece que compete somente à União a exploração da atividade nuclear, em seu art. 177, inciso V e art. 21 inciso XXIII. A responsabilidade civil da União no exercício da atividade nuclear é objetiva, na forma da alínea "d", do referido art. 21, não havendo limitação a valor indenizatório, ressalvado o direito ao regresso (art. 37 §6º). Foi assim recepcionada parcialmente a Lei nº 6.453 de 17 de outubro de 1977 (Brasil, 1977) que, por sua vez, limitava, em seu art. 9º, o valor da indenização por acidentes nucleares a R$1,5 milhão.

No Apêndice, está elencado todo o rol normativo atinente à matéria, tais como: leis, decretos, decretos-lei, portarias, resoluções, convenções, tratados, acordos, resoluções sancionatórias do Conselho de Segurança das Nações Unidas e as designações de seus Comitês de sanções, cuja eficácia é imediata no Brasil, com fulcro no art. 6º da Lei nº 13.810 de 8 de março de 2019 (Brasil, 2019). Está destacado, também, o tipo de iniciativa: se nacional, bilateral, multilateral/internacional; se os ditames normativos atuam no campo da não proliferação, desnuclearização, contraproliferação e/ou financiamento; e ainda enumera se essas normas estabelecem responsabilidades em âmbito administrativo, civil e/ou criminal.

Ao analisar o arcabouço normativo nacional, pode-se concluir que o Brasil busca estar em consonância com a Recomendação nº 2 do Grupo de Ação Financeira Internacional ou GAFI[14] (FATF-GAFI, 2012), segundo

---

14 "Cooperação e coordenação nacional

Os países deveriam ter políticas ALD/CFT informadas pelos riscos identificados, que devem ser regularmente revisadas, e deveriam designar uma autoridade ou possuir um mecanismo de coordenação ou outro mecanismo que seja responsável por tais políticas.

a qual os países devem estabelecer políticas relacionadas a antilavagem de dinheiro e combate ao financiamento do terrorismo (ALD/CFT[15]) de acordo com os riscos identificados. Segundo essa Recomendação, as normas devem, constantemente, ser revisadas e designar uma autoridade competente para atuar nessa matéria. Alternativamente, deve haver um mecanismo de coordenação ou outro mecanismo que seja responsável por essas políticas. Ainda segundo essa Recomendação, os países devem se assegurar de que as autoridades responsáveis possuem mecanismos efetivos que permitam a cooperação, a coordenação doméstica no desenvolvimento e a implementação de políticas e atividades de combate à lavagem de dinheiro, ao financiamento do terrorismo e da proliferação de armas de destruição em massa.

No entanto, embora o Brasil já tenha avançado no sentido de estar em consonância com essa Recomendação, destacam-se: a lei de lavagem de dinheiro, Lei nº 9.613 de 3 de março de 1998 (Brasil, 1998); a lei antiterrorismo, Lei nº 13.260 de 16 de março de 2016 (Brasil, 2016); e a Lei 13.810 de 8 de março de 2019, que versa sobre o cumprimento de sanções impostas por resoluções do Conselho de Segurança das Nações Unidas, incluída a indisponibilidade de ativos de pessoas naturais e jurídicas e de entidades, e a designação nacional de pessoas investigadas ou acusadas de terrorismo, de seu financiamento ou de atos a ele correlacionados (Brasil, 2019). O Brasil ainda não consegue plenamente atingir o estabelecido na Recomendação nº 2 do GAFI, ainda mais se for incluído o acrônimo "p" a essa Recomendação por inteligência

---

Os países deveriam assegurar-se de que os formuladores de políticas, a unidade de inteligência financeira (UIF), as autoridades de aplicação da lei, supervisoras e outras autoridades competentes relevantes, nos níveis operacional e de formulação de políticas, possuam mecanismos efetivos que permitam a cooperação e, quando apropriado, a coordenação doméstica a respeito do desenvolvimento e da implementação de políticas e atividades de combate à lavagem de dinheiro, ao financiamento do terrorismo e ao financiamento da proliferação de armas de destruição em massa."

15 ALD/CFT é o padrão internacional antilavagem de dinheiro e de combate ao financiamento do terrorismo do GAFI.

da Recomendação nº 7 do GAFI[16], posto que ainda não se tem uma lei que criminalize a proliferação e seu financiamento.[17]

Desde que o Brasil se tornou membro do GAFI, deve seguir os padrões estabelecidos por ele. Tais padrões visam promover normas que combatam a lavagem de dinheiro, o financiamento ao terrorismo e a proliferação de armas de destruição em massa. Atualmente, o GAFI tem 40 recomendações (FATF-GAFI, 2012) que os países devem adotar para alcançar essa finalidade. Em relação ao Financiamento da Proliferação, temos a Recomendação nº 7, que insta aos Estados membros a prevenir a proliferação e o seu financiamento.

O GAFI e suas recomendações serão mais detalhados no próximo capítulo, no entanto, cabe pontuar que o crime de financiamento à proliferação não está tipificado na legislação brasileira, tampouco o crime de proliferação. O GAFI avaliou positivamente o sistema brasileiro PLDFTP em outubro de 2023 (FATF, 2023) e não exigiu que o Brasil promulgasse uma lei criminalizando a proliferação de armas de destruição em massa. Embora o GAFI não tenha recomendado que o Brasil criminalizasse a proliferação de armas de destruição em massa, seria salutar que o país assim o fizesse, pois, dessa forma, alinharia o Brasil aos esforços internacionais de não proliferação e aprimoraria a eficácia das medidas de compliance e fiscalização contra essas ameaças.

---

16 Mais a respeito da Recomendação nº 7, ver no capítulo 4.

17 Segundo essa Recomendação nº 7, os países deveriam implementar sanções financeiras específicas para cumprir com as Resoluções Sancionatórias do Conselho de Segurança das Nações Unidas relativas à prevenção, supressão e desmantelamento da proliferação de armas de destruição em massa e seu financiamento. As Resoluções exigem que os países congelem sem demora os fundos ou outros ativos e garantam que não sejam disponibilizados fundos ou outros ativos, direta ou indiretamente, para ou em benefício de qualquer pessoa ou entidade designada ou sob a autoridade do Conselho de Segurança das Nações Unidas, nos termos do Capítulo VII da Carta das Nações Unidas (FATF-GAFI, 2012).

Assim como ocorreu com a Lei Antiterror (Brasil, 2016), casos anteriores à sua promulgação foram enquadrados como outros crimes diversos do terrorismo. Destaca-se a Operação Mendaz, na qual a Polícia Federal desmantelou uma organização criminosa responsável por lavagem de dinheiro e evasão de divisas no estado de São Paulo que movimentou R$ 50 milhões em cinco anos (Jusbrasil, 2015). Ficou constatado que os criminosos tinham ligação com o grupo terrorista Estado Islâmico (Revista Época, 4/9/2015). Eles nunca foram processados e julgados por financiamento ao terrorismo, já que a lei antiterrorismo não existia naquela época.

O mesmo ocorre hoje com a proliferação e o seu financiamento. A operação AU92 da Polícia Federal desarticulou uma organização criminosa de comércio ilegal de ouro e urânio, cujos envolvidos podem responder pelos delitos de organização criminosa, lavagem de dinheiro, falsidade ideológica, usurpação de matéria-prima da União e extração ilegal de minério (Ministério da Justiça e Segurança Pública, 2022). Em 2015, a Polícia Federal desmontou uma quadrilha especializada em contrabando de urânio que, segundo a reportagem, estaria enviando material radioativo para grupos terroristas no Oriente Médio (Revista Veja, 27/11/2015).

No entanto, em nenhum desses casos, embora o urânio seja utilizado para a fabricação de ADM, os criminosos responderam por proliferação. Isso ocorre por falta de tipificação legal, o que impede que o problema seja combatido eficazmente da forma como estabelecem as Resoluções nº 2 e nº7 do GAFI (FATF-GAFI, 2012).

COMPLIANCE

O termo compliance tem origem na língua inglesa, expressando a ideia de cumprir o imposto, tanto pelo ordenamento jurídico de determinado país quanto o estabelecido por ditames internacionais e normas internas de determinada empresa. Segundo Porto (2022), o objetivo do compliance é assegurar que a empresa esteja seguindo as normas vigentes, fazendo que os riscos sejam mitigados, trazendo a noção segundo a qual a empresa comprometida com essa cultura teria um ambiente corporativo menos suscetível ao surgimento de condutas irregulares e/ou ilícitas (p.31).

De acordo com Candeloro et al. (2012, p.30), compliance é um conjunto de regras, padrões, procedimentos éticos e legais que, ao serem implantados, delineiam a linha mestra que orienta a empresa no mercado, bem como seus funcionários, e que é capaz de controlar o risco de imagem e legal de determinada corporação em suas atividades. Para Schütt (2024, p.122), o compliance é a forma eficaz para que uma pessoa jurídica adote uma cultura de integridade e de cumprimento dos ditames legais, pautando suas ações na lei e na ética, estabelecendo, para isso, um conjunto de objetivos, atividades, processos e procedimentos.

O compliance era, anteriormente, uma realidade apenas encontrada em outros países, tendo sido inserida na realidade brasileira por meio da globalização como uma resposta do mundo corporativo aos problemas éticos enfrentados (Guimarães, 2021, p.25). O compliance visa à regulação social em meio a desvios de conduta que, segundo Fernandes (2019, p.18), são inerentes à natureza humana.

Para Guimarães (2021), contemporaneamente os crimes financeiros estão mais complexos, e essa complexidade é tal que o próprio Estado não tem capacidade para cuidar de todas as empresas e o que acontece dentro delas.

Isto exigiu que o próprio Estado mudasse a sua forma de agir, delegando a proteção de alguns bens jurídicos ao setor privado (p.51). Para elucidar a complexidade dos crimes financeiros, Fernandes (2019) relata que a lavagem de dinheiro é perpetrada por uma criminalidade tão organizada que possui forma hierarquizada transnacional, denominando-a macrocriminalidade (p.19).

Tanto é assim que a lei anticorrupção brasileira, Lei nº 12.846 de 1 de agosto de 2013, calcada no art. 173 §5º[18] da Constituição Federal, dispõe sobre a responsabilização administrativa e civil de pessoas jurídicas pela prática de atos contra a administração pública, nacional ou estrangeira. Ela impôs a responsabilidade objetiva no âmbito civil e administrativo, à pessoa jurídica, no que tange à prática de atos contra a administração pública, seja a nacional ou a estrangeira. Incentiva, inclusive, a adoção de programas de compliance por parte das empresas quando dispõe em seu art. 7º inciso VIII, que será considerado, na aplicação de sanções, o fato de a empresa ter implementado mecanismos e procedimentos internos de integridade, auditoria e incentivo à denúncia de irregularidades, bem como a aplicação efetiva de códigos de ética e de conduta no âmbito da pessoa jurídica. Entre os mecanismos e procedimentos de integridade que a lei nos informa está incluída a prevenção à PLD/FT/P, imposta pela lei antilavagem de dinheiro brasileira.

O Decreto nº 11.129 de 11 de julho de 2022 (Brasil, 2022), que regula a Lei Anticorrupção, corrobora essa teoria. O art. 45, em seu inciso IV, incentiva a adoção do programa de compliance quando impõe que o acordo de leniência

---

18 "Art. 173. Ressalvados os casos previstos nesta Constituição, a exploração direta de atividade econômica pelo Estado só será permitida quando necessária aos imperativos da segurança nacional ou a relevante interesse coletivo, conforme definidos em lei."

"§5º A lei, sem prejuízo da responsabilidade individual dos dirigentes da pessoa jurídica, estabelecerá a responsabilidade desta, sujeitando-a às punições compatíveis com sua natureza, nos atos praticados contra a ordem econômica e financeira e contra a economia popular."

deve prever a adoção ou o aperfeiçoamento do programa de integridade, conforme os parâmetros estabelecidos em seu capítulo V que, por sua vez, elenca o que deve conter um programa de integridade:

1. Comprometimento da alta administração
2. Gestão adequada de riscos
3. Protocolos de integridade, comunicação
4. Treinamento
5. Monitoramento
6. Medidas disciplinares

O próprio poder legislativo, portanto, propôs a criação de programas de compliance quando determinou que eles influenciam de forma a atenuar a pena da pessoa jurídica, tornando-a um aliado na luta em face da delinquência empresarial (Schütt, 2024, pp.22-23).

Qual seria a relação da corrupção com a proliferação de armas de destruição em massa e seu financiamento? No Brasil, segundo Ganz (2024, p.28), o compliance tem uma conotação muito forte relacionada ao combate à corrupção, como também em outras partes do mundo.

Um exemplo é a seita Aum Shinrikyo que tinha um esquema de corrupção com autoridades russas; aproveitando-se de uma falta de controle estatal em relação às ADM, teria feito o pagamento de, aproximadamente, USD 12 milhões para aquisição dessas armas (Shelley, 2014, p.290). Segundo Sanctis (2009, p.8), o crime organizado e a lavagem de dinheiro quase sempre envolvem a corrupção do poder legislativo, da Magistratura, do Ministério Público e da Polícia, incluindo todo um aparato que deveria estar sendo usado para conter a atividade criminosa e não para colaborar com ela.

A lei de lavagem de dinheiro também é uma importante ferramenta para prevenir crimes perpetrados dentro de empresas ou utilizando-as. Segundo Fernandes (2019, p.93), a prevenção a esses crimes nas pessoas jurídicas tem se operado por meio de órgãos reguladores e supervisores com atribuição para tal, tais como o Banco Central, a Comissão de Valores Mobiliários, a Superintendência de Seguros Privados e a Unidade de Inteligência Financeira.

Ainda sobre esse tema, Guimarães (2021) afirma:

> Em um Estado regulador como o nosso, para cada setor regulado há uma infinidade de regras aplicáveis. Nesse cenário, uma grande quantidade de deveres é imposta às empresas, sendo essas obrigadas a seguir constantemente uma série de normas em suas rotinas e atividades. Forma-se assim um Estado de prevenção, que autoriza os aparatos estatais a formarem um Estado de vigilância que vai além dos mecanismos penais tradicionais. (p.59)

Atualmente, portanto, as empresas buscam seguir a legislação, adotando programas de compliance para mitigar os riscos de uma penalidade em âmbito civil e administrativo, como já abordado. O Estado, desse modo, promove boas condutas dentro do conceito da cultura de compliance, resultando na criação da autorregulação regulada (Gonçalves, 2024, p.111).

Para Deveikis e Barbas (2021), a autorregulação regulada é a possibilidade que detém os entes privados de editar regras internas voltadas para a regulação de suas atividades, sendo a lei o limitante natural:

> levando em consideração as particularidades de cada atividade empresarial desenvolvida por determinado ente privado, implementar deveres de vigilância com o objetivo de mitigar ou evitar o descumprimento da legislação aplicável, seja por parte da própria pessoa jurídica ou por parte das pessoas físicas que a operam em qualquer nível da organização. (Portal Migalhas)

Para Guimarães (2021), a autorregulação regulada nada mais é que uma forma de regulação estatal no mundo corporativo subordinada aos interesses do Estado (p.46). E continua o autor:

> "Da perspectiva empresarial, há muita coerência na autorregulação regulada. Isso porque a empresa tem uma capacidade muito superior à do Estado para vigiar e regular suas próprias operações, considerando o contexto de atividade, setor de risco, número de funcionários etc. Há, em verdade, uma transferência do poder estatal de vigiar, investigar e punir o empresário privado ante a incapacidade e ineficiência estatal." (p.47)

Com a mesma perspectiva, para Fragoso e Fragoso (2022, p.57) existe uma clara tendência à transferência pelo Estado às empresas, de obrigações de cunho investigativo e de deveres de comunicação de delitos.

Segundo Fernandes (2019, p.93), além de comunicar às autoridades casos suspeitos para que a prevenção seja efetiva, é necessário monitorar, fiscalizar e adotar medidas sancionatórias. Cumpre destacar que as medidas sancionatórias dizem respeito àquelas elencadas na Consolidação das Leis Trabalhistas (CLT), Decreto-Lei nº 5.452 de 1 de maio de 1943 (Brasil, 1943). Ou seja, a demissão, que é a punição máxima presente no art. 482 da CLT; a suspensão, que não pode ultrapassar 30 dias segundo art. 474 da CLT; a advertência que, embora não esteja textualmente na CLT, é muito praticada no mercado laboral; e o costume, que é uma fonte do direito do trabalho segundo expressamente estabelece o art. 8 da CLT[19].

Ainda sobre a autorregulação regulada, encontra-se em Schütt (2024):

---

19 "Art. 8º As autoridades administrativas e a Justiça do Trabalho, na falta de disposições legais ou contratuais, decidirão, conforme o caso, pela jurisprudência, por analogia, por equidade e outros princípios e normas gerais de direito, principalmente do direito do trabalho, e, ainda, de acordo com os usos e costumes, o direito comparado,

> A autorregulação regulada das empresas por meio da implementação de programas de compliance leva em consideração a capacidade das pessoas jurídicas de se organizarem para executar a prevenção ou descoberta de crimes nelas cometidos. Além disso, não há dúvida de que com base na sua posição podem, de forma mais eficaz do que pelo poder estatal, fiscalizar a legalidade da sua própria atividade, em relação à qual possuem, sobretudo, melhores conhecimentos técnicos, conhecimentos que para o Estado adquirir para os efeitos de processo criminal implicaria custos que não poderia suportar em razão do número de casos em que seria demandado. (p.151)

Os crimes financeiros estão muito complexos e a iniciativa para sua prevenção apenas será bem-sucedida quando a iniciativa privada e o Estado colaborarem entre si. Nesse sentido, Fernandes (2019) lembra que todo o aparato estatal é potencializado e apoiado não só pela atividade de inteligência estatal voltada para questões de soberania e segurança nacional, como pela atividade policial voltada para o conhecimento sobre as atividades criminosas, e também por meio da obtenção, processamento e difusão de dados e conhecimentos de movimentações suspeitas de ativos (p.109). Esta última é feita pelas empresas por meio do monitoramento e reporte às autoridades competentes, quando necessário.

Segundo Gonçalves (2024), o ideal econômico da livre iniciativa, calcado no art. 1º, inciso IV[20], da Constituição Federal (Brasil, 1988), que estimula a competitividade e a inovação sem intervenção estatal e com igualdade de

---

mas sempre de maneira que nenhum interesse de classe ou particular prevaleça sobre o interesse público."

20 "Art. 1º A República Federativa do Brasil, formada pela união indissolúvel dos Estados e Municípios e do Distrito Federal, constitui-se em Estado Democrático de Direito e tem como fundamentos: os valores sociais do trabalho e da livre iniciativa;"

condições, é uma interpretação idealizada frente às crises econômicas em que se vive (p.25). Sempre existirá alguma participação estatal.

Schütt (2024) adota essa perspectiva segundo a qual existe uma verdadeira colaboração público-privada na luta contra a criminalidade dentro das empresas, quando a partir de produções legislativas estimula a adoção de programas de conformidade que, por sua vez, colaboram com o Estado quando ocorre uma investigação a respeito de algo que aconteceu no seio daquela empresa (p.105). Para essa autora, o Estado delega ao ente privado o dever de fiscalizar, almejando a segurança pública, demanda essa que é da própria sociedade (p.142).

O compliance tem um ponto de intersecção muito importante com o direito à liberdade econômica, trazido pela Lei nº 13.874 de 20 de setembro de 2019 (Brasil, 2019) que visa a desburocratizar a atividade econômica das empresas, diminuindo a intervenção estatal. Se de um lado a lei da liberdade econômica facilita a atuação das empresas, o compliance com sua "autorregulação regulada" de outro lado propicia segurança, contribuindo para um ambiente ético e sustentável.

Se a partir da lei de liberdade econômica as empresas têm mais liberdade de atuar sem entraves desnecessários, ela também traz consigo a responsabilidade das empresas de agirem de forma responsável. Citando Schütt (2024):

> Delega-se ao ente jurídico a responsabilidade pela fiscalização do desenvolvimento da sua atividade empresarial que, embora com liberdade, deverá ser executada dentro dos limites da legalidade. Vigiar o fiel cumprimento da lei pelos executores daquela atividade (representantes, gerentes, funcionários etc.) passa a ser conduta exigida das pessoas jurídicas na sociedade moderna, sociedade essa que cobra daquelas – em conjunto com o Estado – a prestação de segurança. (p.145)

Para Candeloro et al. (2012), o compliance é um estado de espírito (p.36), pois independentemente de regulamentação, política e códigos, o que se espera é que o funcionário exercite o bom-senso, aja com integridade e inspire confiança (p.81).

Atualmente, muitas empresas têm no comando dirigentes, donos e empresários que querem seguir um padrão ético, trilhando o caminho da responsabilidade social. No entanto, nem sempre é isso o que ocorre. Muitas vezes existe diferença entre as finalidades da pessoa jurídica e física, e é nesse contexto que reside o papel primordial do compliance que irá disciplinar condutas corporativas, por meio de regras internas que restrinjam condutas individuais, adequando-as às finalidades da empresa (Gonçalves, 2024, p.37).

Há que se destacar o custo que isso acarreta para as empresas. Segundo Vlecek (2022), a assunção de responsabilidade pela iniciativa privada do que antes pertencia apenas ao poder público gera um aumento do custo da empresa para que ela esteja em conformidade com a lei (Capítulo 5, parágrafo 18). Embora a majoração das despesas não possa ser ignorada, deve-se considerar que a empresa, além de sua finalidade lucrativa, também cumpre funções sociais importantes, tais como: empregar pessoas, contribuir para o desenvolvimento econômico do país e prevenir que crimes sejam financiados a partir de suas estruturas, como ocorre por meio da lavagem de dinheiro e do financiamento ao terrorismo. Embora a proliferação e seu financiamento ainda não tenham sido abarcados pela lei criminal brasileira, a prevenção à tal atividade deve ser umas das funções sociais das empresas localizadas em território nacional.

Nesse sentido, Gonçalves (2024) informa que, segundo os indicadores humanos, a empresa é um agente essencial para transformar a realidade social (p.24).

É muito difícil precisar qual foi o marco legal inicial do compliance no Brasil, pois há muitos instrumentos normativos relevantes sobre o tema. Para Gonçalves (2024), a cultura de compliance foi estimulada tanto pela tendência mundial quanto por algumas produções normativas brasileiras isoladas (p.452). A Lei de Improbidade Administrativa, Lei nº 8.429 de 2 de junho de 1992 (Brasil, 1992), que dispõe sobre as sanções aplicáveis em virtude da prática de atos de improbidade administrativa, de que trata o §4º do art. 37 da Constituição Federal, por exemplo, é muito citada como um marco importante (Brasil, 1992); mas também são as leis Anticorrupção, Lei nº 12.846 de 1 de agosto de 2013 (Brasil, 2013) e de Lavagem de Dinheiro, Lei nº 9.613 de 3 de março de 1998 (Brasil, 1998).

Para além de ser um marco legal inicial do compliance no Brasil, a Lei de Lavagem de Dinheiro norteia em grande parte a rotina daqueles que trabalham na área de compliance nas empresas. Isso ocorre porque, muitas vezes, a atividade de prevenção à lavagem de dinheiro e corrupção dentro das empresas é de responsabilidade da área de compliance. Nesse sentido, Giovanini (2020) diz:

> convém recordar o significado da palavra "compliance". Ela é oriunda do verbo to comply que se refere, no mundo corporativo, a cumprir e estar em conformidade com as leis, normas e códigos, externos ou internos. As leis anticorrupção internacionais citam "compliance" e, por conseguinte, induzem à formação de um programa para atendimento desses instrumentos legais, agregando atividades e processos com a finalidade de mitigar seus riscos, em busca de alcançar um dos seus principais objetivos: proteger a empresa e seus funcionários. (pp.121-122)

Isso ocorre porque uma das atividades mais importantes da área de compliance é a condução e/ou apoio ao processo de Conheça seu Cliente (em inglês Know your Client ou simplesmente KYC), que é de fundamental importância na prevenção à lavagem de dinheiro (Candeloro, et al. 2012, p.68). No Brasil, a obrigatoriedade de identificar seus clientes advém exatamente do art. 10, inciso I[21], da Lei nº 9.613 de 3 de março de1998 (Brasil, 1998). Cria-se dentro da empresa, portanto, uma constante vigilância, sendo um dos aspectos a Prevenção à lavagem de dinheiro, ao Financiamento ao terrorismo e à Proliferação de armas de destruição em massa (PLD/FT/P).

O conceito de lavagem dinheiro pode ser entendido de forma bastante simples com a leitura do art. 1º da Lei no 9.613 de 3 de março de 1988 (Brasil, 1998) - Lei de Lavagem de Dinheiro -, segundo o qual lavagem de dinheiro constitui em ocultar ou dissimular a natureza, a origem, a localização, a disposição, a movimentação ou a propriedade de bens, direitos ou valores cuja origem é uma infração penal[22].A lavagem de dinheiro visa, portanto, dar aparência de legalidade a um recurso que foi obtido ilegalmente. Segundo Fagundes (et al., 2019, p.139), para conseguir esses objetivos, a lavagem de dinheiro segue três etapas:

- Etapa 1 - Colocação: seu objetivo é introduzir os ganhos ilícitos no sistema financeiro sem chamar atenção das autoridades, utilizando-se de técnicas de depósitos estruturados no sistema financeiro, como o smurfing[23] e a compra de propriedades.

- Etapa 2 - Ocultação: seu objetivo é distanciar do recurso sua fonte ilegal, de maneira que não se perceba de onde vem o dinheiro. Para essa fase é usual fazer várias transações sucessivas ou repetidas de compra e venda de

---

21 "Art. 10. As pessoas referidas no art. 9º:

I - identificarão seus clientes e manterão cadastro atualizado, nos termos de instruções emanadas das autoridades competentes."

22 "Art. 1º Ocultar ou dissimular a natureza, origem, localização, disposição, movimentação ou propriedade de bens, direitos ou valores provenientes, direta ou indiretamente, de infração penal."

23 Smurfing é o fracionamento de valores em quantias menores para fugir do dever de informação e fiscalização (Facciolli, 2017, p.232).

bens materiais, criando camadas entre a origem do dinheiro e seu destino. As técnicas mais comuns são: conversão dos fundos em notas de alto valor, exportação de divisas, depósitos múltiplos, compra e venda de propriedades, antiguidades, obras de arte, entre outras.

- Etapa 3 – Reintegração: normalmente é o último estágio e tem por objetivo o aproveitamento dos ganhos da atividade criminosa, visando ao financiamento de uma vida luxuosa, bens materiais e, muitas vezes, o financiamento ao terrorismo e à proliferação.

O Escritório das Nações Unidas divulgou, em 2019, alguns dados interessantes, publicados no Brasil pelo site do Gov.br, em parceria com a Escola de Administração Pública (ENAP, 2019). Estima-se que de 2% a 5% do PIB mundial (algo entre USD 800 bilhões e 2 trilhões) são lavados anualmente em todo o mundo. Esses valores são apenas estimados, de vez que essas transações nem sempre são identificadas e, portanto, é difícil dimensionar os seus valores.

Sanctis (2009), a respeito do crime organizado e da lavagem de dinheiro, pontua que esses crimes estão encobertos por atividades comerciais lícitas, mesmo porque necessitam lavar o dinheiro obtido ilicitamente. Eles envolvem uma estrutura complexa e uma rede profissionalizada, sendo uma verdadeira organização internacional sem vítimas individuais (pp.7-8).

A discussão em torno da prevenção à lavagem de dinheiro (PLD) é muito ampla e muito conhecida. E esse tema deveria ser abrangente como Prevenção à lavagem de dinheiro, ao Financiamento ao terrorismo e à Proliferação de armas de destruição em massa (PLD/FT/P). O fato de apenas se usar o acrônimo PLD já é um indicativo da pouca atenção que o tema "P" – financiamento à proliferação – recebe, seja academicamente seja nos procedimentos internos das empresas, na cultura empresarial, bem como na própria cultura popular, que simplesmente não acredita na probabilidade de ligação dessa realidade com o Brasil. Importante atentar para a prevenção e evitar ao máximo a lógica do cisne negro na qual, ao se pensar em um evento improvável como impossível, não se criam estratégias adequadas de proteção, de monitoramento e de resposta para consequências que terão alto impacto (Taleb, 2021).

A teoria do cisne negro de Taleb (2021) pode ser utilizada não só na gestão de riscos, mas também quando se consideram mudanças a serem implementadas, já que as empresas, seja do mercado financeiro ou não, precisam adaptar-se rapidamente para que possam prosperar em uma realidade em constante movimento, reorientando seus esforços, encarando novas prioridades, deixando de visar apenas ao lucro, buscando prevenir e mitigar potenciais impactos de cisnes negros.

Os objetivos das empresas mudam, passando a apontar para a necessidade de capacitar equipes, investir em tecnologias novas e mudar procedimentos para poder entregar resultados alinhados com os novos desafios impostos por essa nova realidade. Por isso, toda a parte de PLD/FT/P fica a cargo da área de compliance, pois trata-se de uma área altamente capacitada para seguir o que a lei determina. Dessa forma, troca-se a lógica do cisne negro para a lógica da teoria do cisne verde.

Elkington (2021) apresenta a teoria do cisne verde. Segundo esse autor, o cisne verde é um evento abrupto, no entanto, em vez de provocar destruição como o cisne negro, ele estimula a regeneração por ser a resposta aos problemas e impactos iniciais dos cisnes negros (pp.22-23), sendo, portanto, renovador. Exatamente aqui se encontra o papel do compliance, com o seu foco na prevenção e na necessidade de se cumprir a lei para que a empresa possa cumprir o seu objetivo de lucrar, mas que o faça de forma sustentável e responsável com a observância das normas aplicadas.

Para o melhor entendimento dessa questão, faz-se necessário entender o que é Grupo de Ação Financeira (GAFI) e Conselho de Controle de Atividades Financeiras (COAF).

GRUPO DE AÇÃO FINANCEIRA (GAFI) E CONSELHO DE CONTROLE DE ATIVIDADES FINANCEIRAS (COAF)

O GAFI foi criado em 1989 no âmbito do G7, grupo dos sete países mais ricos do mundo, cujo objetivo inicial era combater a lavagem de dinheiro, mecanismo utilizado pelos grupos envolvidos no tráfico de drogas para se sustentar. O GAFI, apesar de não ser uma organização internacional, emite recomendações para que os países adotem certas medidas. Com o Atentado de 11 de setembro, passou a atuar no campo da prevenção ao financiamento ao terrorismo. Tal grupo não pode impor sanções e, para que os Estados Membros cumpram o que ele determina, é utilizada a técnica de name and shame, ou seja, publica-se o nome do Estado para constrangê-lo e obrigá-lo a tomar a atitude determinada pelo GAFI. Existem duas listas diferentes nas quais o GAFI publica os nomes desses Estados: a lista de Jurisdições de Alto Risco em que os países têm deficiências tão graves que o GAFI pede que os Estados Membros apliquem medidas contra eles; e a lista de Jurisdições sob Monitoramento Aumentado, na qual as deficiências estão se tornando uma fonte grave de preocupações (Victor et al., 2018, pp.190-192).

A inclusão de determinada jurisdição nas listas do GAFI tem consequências tangíveis, pois desencoraja o investimento, indica a ausência do Estado de Direito e, muitas vezes, resulta no rebaixamento do grau de investimento ou classificação de um país. As consequências também serão sentidas pelo próprio país ao buscar crédito ou empréstimos de organizações multilaterais e instituições financeiras internacionais (Deutsche Welle, 2023).

No ano 2000, o Brasil se tornou membro do GAFI. O Brasil integra também, desde 2000, o Grupo de Egmont (Brasil, 2024) de Unidades de Inteligência Financeira e o Grupo de Ação Financeira da América Latina (GAFILAT). Relaciona-se, ainda, com as Unidades de Inteligência Financeiras de outros países, quer seja na troca de informações quer seja prestando assistência àquelas unidades que solicitaram apoio (GAFILAT, 2024).

Em 2012, com o advento da Recomendação nº 7, já apresentada, o GAFI passou a integrar também o combate ao financiamento à proliferação (FATF-GAFI, 2012, pp.16-17).

Atualmente, o GAFI é o foro de maior relevância nas discussões internacionais referentes ao combate à lavagem de dinheiro e financiamento ao terrorismo, tendo sua importância reconhecida por diversas outras organizações internacionais, tais como o Conselho de Segurança das Nações Unidas (Ministério da Justiça e Segurança Pública, 2014). O GAFI também é um grande foro de discussão sobre financiamento à proliferação.

A criação de muitas leis de lavagem de dinheiro em diversos países ocorreu pela influência das recomendações do GAFI e com o Brasil não foi diferente. A lei brasileira de lavagem de dinheiro foi criada em resposta às necessidades de estar alinhado aos padrões internacionais estabelecidos pelo GAFI. A Lei no 9.613 de 3 de março 1998 (Brasil, 1998) além de tratar dos crimes de lavagem, ocultação de bens, direitos e valores, medidas preventivas de utilização do sistema financeiro para ilícitos, criou o Conselho de Controle de Atividades Financeiras (COAF).

O COAF é a Unidade de Inteligência Financeira (UIF) brasileira que coordena a participação brasileira em diversas organizações multigovernamentais de prevenção e combate à lavagem de dinheiro e ao financiamento ao terrorismo. O COAF busca internalizar as discussões e orientações de como implantar as recomendações dos organismos internacionais, buscando se adequar às melhores práticas (COAF, 2024).

A competência do COAF pode ser encontrada nos arts. 14 e 15 da Lei no 9.613 de 3 de março de 1998 (Brasil, 1998), e consiste em: receber, examinar e identificar as ocorrências suspeitas de atividades ilícitas; comunicar e solicitar às autoridades competentes que instaurem os procedimentos cabíveis nas situações em que o próprio COAF concluir pela existência, ou que exista fundados indícios, de crimes de lavagem, ocultação de bens, direitos e valores ou de qualquer outro ilícito. Entre tais atividades está a proliferação e seu financiamento, art. 14 da Lei nº 9.613 de 1998 (Brasil, 1998), c/c Resolução COAF nº 36 de 10 de março de 2021[24] (COAF, 2021).

Cabe, também, ao COAF coordenar e propor mecanismos de cooperação e de troca de informações que viabilizem ações rápidas e eficientes no combate à ocultação ou dissimulação de bens, direitos e valores, bem como disciplinar e aplicar sanções na esfera administrativa (Facciolli, 2017, p.228). O COAF se dedica ao importante trabalho de inteligência que se destina à prevenção e ao enfrentamento da lavagem de dinheiro, do financiamento do terrorismo e da proliferação. Tal trabalho é feito em etapas que podem estar ou não ligadas sequencialmente, a saber: a) recebimento e análise de comunicação; b) intercâmbio de informações; c) confecção de relatórios de inteligência financeira (Ministério da Fazenda, 1998).

As comunicações são encaminhadas pelos setores obrigados pela Lei nº 9.613 de 3 de março de 1998 (Brasil, 1998), e são recebidas pelo Sistema de Controle de Atividades Financeiras (SISCOAF)[25], que efetua eletronicamente uma análise sistêmica e distribui as comunicações que deverão ser tratadas individualmente pelos analistas. Todas as comunicações recebidas e analisadas são armazenadas no próprio SISCOAF, possibilitando a construção de uma base de dados utilizada como subsídio para a realização das análises subsequentes. Além dessa base de dados, são utilizadas outras fontes de informação, como: Rede Infoseg (base de inquéritos), Cadastro de Pessoas

---

24 "Disciplina a forma de adoção de políticas, procedimentos e controles internos de prevenção à lavagem de dinheiro, ao financiamento do terrorismo e ao financiamento da proliferação de armas de destruição em massa que permitam o atendimento ao disposto nos arts. 10 e 11 da Lei nº 9.613, de 3 de março de 1998, por aqueles que se sujeitem, nos termos do seu art. 14, §1º, à supervisão do Conselho de Controle de Atividades Financeiras (COAF). Essa resolução entrou em vigor em 1 de junho de 2021."

25 SISCOAF é um portal eletrônico de acesso restrito para relacionamento com as pessoas obrigadas listadas no art. 9º da Lei nº 9.613 de 3 de março de 1998.

Físicas (CPF), Cadastro Nacional de Pessoas Jurídicas (CNPJ), Declaração de Operações Imobiliárias (DOI), Sistema Integrado de Administração de Recursos Humanos (SIAPE), Sistema de Informações Rurais (SIR), Cadastro Nacional de Informações Sociais (CNIS), Cadastro Nacional de Empresas (CNE), Análise das Informações de Comércio Exterior (Alice Web), Base de Grandes Devedores da União, Bases do Tribunal Superior Eleitoral (TSE), Declaração de Porte de Valores (e-DPV), dentre outras. A maioria dessas bases de dados estão integradas ao SISCOAF (Facciolli, 2017, p.230).

A colaboração e o intercâmbio de informações entre o Sistema Eletrônico de Intercâmbio (SEIC), pertencente ao SISCOAF, bem como aquela feita por meio de ofícios entre as autoridades, possibilitam ações eficientes na prevenção e no combate à lavagem de dinheiro e ao financiamento ao terrorismo (p.231). Esse mecanismo deve ser aplicado também na prevenção da proliferação e do seu financiamento.

O COAF também realiza intercâmbio de informações com integrantes do Grupo de Egmont, organismo que reúne Unidades de Inteligência Financeira de outros países que se encontram regularmente para buscar formas de cooperar entre si, especialmente nas áreas de intercâmbio de informações, treinamento e troca de experiências. Além do Grupo de Egmont, o COAF pode se reunir com as Unidades de Inteligência Financeira (UIF) de outros países. Para tanto, a UIF deve estar autorizada por lei a trocar informações de inteligência com as congêneres estrangeiras e possuir salvaguardas adequadas, incluindo disposições de confidencialidade para assegurar que as trocas de informações estejam de acordo com os princípios fundamentais, nacionais e internacionais, e em conformidade com as suas obrigações em matéria de proteção do sigilo do dado ou informação. Aplica-se ao intercâmbio com Unidades de Inteligência Financeira os mesmos requisitos exigidos para o intercâmbio com autoridades nacionais, além da obrigatoriedade de se comprovar a existência de relação entre as pessoas, o caso suspeito, e o país alvo da solicitação (Facciolli, 2017, p.231).

O resultado das análises de inteligência financeira provenientes das comunicações recebidas de intercâmbio de informações ou de denúncias é registrado em documento denominado Relatório de Inteligência Financeira (RIF), que pode ser espontâneo (de ofício), quando é elaborado por iniciativa do próprio COAF, resultante da análise de comunicações recebidas, de denúncias ou por intercâmbio, elaborado para atender a uma solicitação de troca de informações por autoridades nacionais ou por Unidades de Inteligência Financeira de outros países (Facciolli, 2017, p.231).

De acordo com o art.15 da Lei nº 9.613 de 3 de março de 1998 (Brasil, 1998), se a análise indicar indício de crime, os Relatórios serão encaminhados às autoridades competentes: o Ministério Público e a Autoridade Policial, segundo o art. 4º da Lei supracitada. O conteúdo do RIF é protegido por sigilo nos termos da Lei Complementar nº 105 de 10 de janeiro de 2001 (Brasil, 2001) que, ao dispor sobre o sigilo das operações financeiras, regulamenta o art. 5º. XII da Constituição Federal (Brasil, 1988).

A Lei Complementar nº 105 de 10 de janeiro de 2001 (Brasil, 2001) estabeleceu em seu art. 1º §4º, inciso I, que é possível quebrar o sigilo financeiro quando for necessário apurar a ocorrência de crime de terrorismo; em seu inciso III, em caso de contrabando ou tráfico de armas, munições ou material destinado à sua produção; e em seu inciso VIII, em casos de lavagem de dinheiro ou ocultação de bens, direitos e valores. A quebra do sigilo bancário é importante ferramenta de apoio à investigação criminal e poderá ser efetuada tanto na fase processual quanto na fase pré-processual. Para os casos ligados ao terrorismo, somente pode ser feito em casos posteriores à entrada em vigor da Lei nº 13.260 de 16 de março de 2016 (Brasil, 2016), uma vez que foi essa lei que definiu e tipificou tal conduta como criminosa (Facciolli, 2017, p.236).

O Supremo Tribunal Federal (STF) entende que a Receita Federal pode receber dados bancários de contribuintes fornecidos diretamente pelos bancos sem prévia autorização judicial, pois tal operação está em consonância com a Lei Complementar nº 105 de 10 de janeiro de 2001 (Brasil, 2001) e não resulta em quebra de sigilo bancário, mas sim em transferência de sigilo da órbita bancária para a fiscal, ambas protegidas contra o acesso de terceiros. Tal transferência de informações é feita dos bancos ao fisco, que tem o dever de preservar o sigilo de dados, portanto, não havendo ofensa à Constituição brasileira (STF, 2016, pp.1-9).

Ao falar especificamente sobre o financiamento ao terrorismo, Facciolli (2017) afirma que agir sobre a rede de financiamento é uma ação muito importante, pois se destina a inviabilizar a ação de grupos terroristas. Nem sempre isso é possível em função da dificuldade de se obter informações relevantes, seja a respeito de onde procurar seja em função da existência de entraves legais e políticos à investigação (pp.194-195). Acredita-se que haja a mesma dificuldade em relação à atuação sobre a rede de financiamento à proliferação. Conseguir identificar e impedir o financiamento à proliferação é muito importante para impedir a proliferação de ADM. Isso somente será bem-sucedido se os diferentes Estados, em conjunto com a sociedade civil, cooperarem mutuamente.

Em 2012, o GAFI revisou suas Recomendações para adotar a abordagem baseada no risco. Nesse cenário, os países precisam detectar, avaliar e compreender os riscos a que estão expostos em relação à LD/FT/P. Em seguida, devem adotar medidas compatíveis para diminuí-los. O GAFI determina que cada país supervisionado deve fazer uma avaliação nacional de risco (ANR) que, por sua vez, deve se basear em um trabalho coordenado entre as autoridades governamentais, o setor privado e a sociedade civil. Essa coordenação é fundamental para o êxito da avaliação do Brasil pelo GAFI (FATF-GAFI, 2012).

Nesse contexto, foi publicado o Decreto nº 10.270 de 6 de março de 2020 (Brasil, 2020), instituindo o Grupo de Trabalho de Avaliação Nacional de Riscos de Lavagem de Dinheiro, Financiamento do Terrorismo e Financiamento da Proliferação de Armas de Destruição em Massa (GTANR), coordenado pelo COAF, incumbido da missão de desenvolver e executar a ANR brasileira, desde a criação e execução de uma metodologia para a coleta e a análise das informações, passando pela elaboração do texto da avaliação e a divulgação, bem como o acompanhamento das medidas a serem tomadas pelos atores envolvidos nos esforços de PLD/FT/P do Brasil, a fim de mitigar os riscos apontados pela ANR (Brasil, 2021). Esse trabalho teve por objetivo colocar o Brasil em conformidade com as práticas internacionais de prevenção à lavagem de dinheiro, financiamento ao terrorismo e proliferação de armas de destruição em massa. Visou, também, dar às autoridades do País um instrumento essencial para otimizar os escassos recursos disponíveis e aplicar medidas preventivas proporcionais à natureza dos riscos.

A atividade da ANR em relação ao financiamento da proliferação de armas de destruição em massa (FP) analisou os elementos vinculados a aspectos normativos e técnicos referentes às sanções financeiras dirigidas para o financiamento da proliferação, a capacidade de prevenção e o combate ao FP, recebendo o Brasil uma nota alta (Brasil, 2021, pp.80-81).

Apesar da nota alta atribuída ao Brasil pela ANR, entende-se que o arcabouço normativo brasileiro não possui uma lei específica para criminalizar a proliferação e o seu financiamento no Brasil, assim como acontece com a lei antiterror em relação ao terrorismo e o seu financiamento. Dessa forma, impede que as situações que envolvam essas práticas recebam tratamento adequado, evita que as autoridades e as pessoas percebam o risco de proliferação e seu financiamento como existente e deem a importância merecida, precipuamente na hora da prevenção, do monitoramento e do reporte às autoridades competentes.

O PAPEL DA ÁREA DE COMPLIANCE

O compliance tem um papel crucial quando o assunto é prevenção à proliferação e o seu financiamento. Toda a empresa tem risco. Esse risco nunca vai ser zero. Segundo Serpa (2016), os riscos inerentes são aqueles que ocorrem naturalmente em decorrência da operação e após as ações de gestão de riscos implementadas pela empresa; os riscos inerentes se transformam em riscos residuais (p.16). por meio do programa de compliance, a empresa trabalha seus riscos inerentes utilizando estratégias de gestão de riscos e controles.

Serão exploradas aqui algumas opções que ajudam a mitigar os riscos da empresa a partir da ótica do compliance. Ou seja, a partir de uma perspectiva de compliance, como transformar um risco inerente em residual.

Primeiro, o risco relacionado à proliferação e seu financiamento deve ser incluído na matriz de risco das empresas e deve ser auferido o risco que essas atividades representam para a companhia. Isso varia muito de companhia para companhia. Cabe salientar que, mesmo que o risco seja baixo, este deve ser diagnosticado. O manual e a política de compliance a respeito de prevenção à lavagem de dinheiro, financiamento ao terrorismo e proliferação devem mencionar, explicar e exemplificar questões referentes a esses temas.

É necessário que o compliance faça o monitoramento constante de todas as partes com as quais a empresa se relaciona, sejam clientes, terceiros prestadores de serviço, empregados ou quaisquer outros. Por constante, entende-se que o monitoramento não deve ser feito apenas quando o cliente ou terceiro ingressa pela primeira vez na empresa (onboarding), mas enquanto perdurar a relação de negócios. O monitoramento deve ser feito, principalmente, no momento do pagamento ou da transferência de recursos, porque caso a empresa encontre uma movimentação suspeita, esta deverá reportar ao COAF.

Durante o monitoramento, o ideal é que o compliance utilize alguma plataforma de inteligência artificial para análise de dados, busca e monitoramento para tentar descobrir o máximo de informação possível em relação àquela pessoa, seja física ou jurídica. É possível extrair relevantes relatórios dessas plataformas, que devem ser arquivados, pois provam que a empresa cumpriu a legislação e está monitorando todas as partes envolvidas.

Compete, ainda, à área de compliance, fazer treinamentos relacionados ao tema, não só para os colaboradores, mas também para terceiros. É essencial que todos conheçam o tema, estejam atentos e possam identificar caso estejam diante de alguma atividade suspeita. A finalidade mais importante dos treinamentos é dar conhecimento sobre o tema e que todos estejam capacitados e entendam o risco reputacional e legal associado à proliferação e seu financiamento.

Em quarto lugar, deve ser considerado o canal de comunicação. Este deve estar sempre aberto entre o compliance e o restante da empresa. Quaisquer denúncias, feitas de forma anônima ou não, devem ser investigadas e avaliadas. O canal de denúncia deve possibilitar qualquer revelação a respeito de qualquer tema, aí incluídos os temas relativos à proliferação e ao seu financiamento, pois, o quanto antes se souber de uma possível ocorrência ou tentativa, menores serão as consequências e maior será a capacidade para mitigar os riscos reputacionais e legais a ela relacionados.

Em quinto lugar, está a importância do apoio da alta gestão. A alta gestão precisa conhecer e entender o tema, pois, se alguma transação suspeita for identificada e confirmada, pode significar perda de mercado e/ou perda de um cliente. Isso significa perda de receita, o que causará muitas frustrações. Por isso, o ideal é que a alta gestão seja o porta-voz quando há uma notícia ruim, até mesmo porque, quando a alta gestão mostra segurança quanto à certeza da decisão, a tendência é que os demais colaboradores aceitem. É claro que o compliance dará todo o suporte, respondendo a todas as perguntar e dúvidas que porventura possam aparecer, mas o apoio da alta gestão é crucial.

Em sexto lugar, é essencial que seja feita uma análise da efetividade dos controles que estão sendo aplicados. Se os controles existentes não forem suficientes, há que se trabalhar para modificá-los, evitando possíveis falhas. A efetividade do programa deve ser real e testada por meio de auditorias, pois, quando o assunto é proliferação, um deslize por menor que seja, pode significar grandes perdas.

Ganz (2024) elenca os pilares da área de compliance da seguinte maneira:

> engajamento da alta administração...; gestão de riscos...; políticas, procedimentos, código de conduta, controles internos; treinamentos e comunicação; canal de denúncia; investigações internas; due diligence, auditoria e monitoramento. (p.29)

Por último, destaca-se a importância de a empresa adotar o padrão ISO[26] (International Organization for Standardization). Destacam-se as seguintes: ISO 19600:2014, 9001:2015, 37001 e 37301. Dessa forma, a implantação e o monitoramento do sistema de compliance estará padronizado, o que favorece relações confiáveis e transparentes. A certificação de programas de compliance e aderência a boas práticas de mercado é crucial para que toda empresa esteja seguindo adequadamente as normas a ela aplicadas.

Para Santos (2024), a partir de uma avaliação adequada dos riscos e da elaboração e consequente execução de planos de ação, por meio da implementação de uma ISO, o resultado será um programa de integridade e um sistema de gestão eficaz adequados à companhia (p.64).

O Papel da Área de Compliance e o Financiamento à Proliferação

Os grupos terroristas têm muitas fontes de financiamento de ADM. Nasser (2021) relata que o grupo terrorista Talibã, por exemplo, tem um enorme sistema de captação de recursos. Dentre eles, estão: o tráfico de drogas, o sequestro, a extorsão, os impostos sobre o comércio de madeira, as pedras preciosas, o contrabando de antiguidades, as doações de criminosos, as doações de milionários da Arábia Saudita e de outros países do Golfo Pérsico. Estima-se que apenas com essas doações o grupo teria ganhado USD 106 milhões em 2008 e, com o tráfico de drogas, entre USD 100 milhões e USD 400 milhões um ano depois (p.196). Já os chechenos, por exemplo, recebem muitas doações de outros grupos terroristas islâmicos como a al-Qaeda (Allison, 2004, p.33).

---

26 É a Organização Internacional de Normalização, com sede em Genebra, na Suíça. Foi criada em 1946 e tem como associados organismos de normalização de cerca de 160 países. Tem como objetivo criar normas que facilitem o comércio e promovam boas práticas de gestão e o avanço tecnológico, além de disseminar conhecimentos (InMetro, 2024).

Ao tratar do financiamento de ADM, seus vetores de entrega e/ou insumos necessários para fabricá-las, Levi (2007) sugere que medidas tomadas para combater o terrorismo também serviriam para impedir que tais grupos conseguissem executar ataques envolvendo ADM (p.31). Para Levi, a defesa contra o terrorismo nuclear é muito mais a respeito de detectar terroristas do que detectar plutônio; atrapalhar o mercado negro é mais a respeito de impedir ações terroristas do que operações policiais visando apenas ao material nuclear (p.143). Há grandes similitudes entre a proliferação de ADM e o terrorismo; e de ambos com a lavagem de dinheiro, portanto, o monitoramento de um auxiliará os demais.

Os grupos terroristas da atualidade têm operações transnacionais, seus empreendimentos criminosos se organizam como empresas multinacionais. Suas operações e estrutura financeira são complexas, representando uma dificuldade enorme para os órgãos de segurança pública e de inteligência (Fagundes et al., 2019, p.101). Portanto, mapear suas diferentes necessidades e dinâmicas pode ajudar tanto a entendê-las como a combatê-las. Nesse cenário, é importante, inicialmente, entender a diferença entre lavagem de dinheiro e financiamento ao terrorismo, para depois entender em que difere o financiamento à proliferação, de vez que eles possuem indicadores de risco comuns e outros que são específicos de uma só figura.

Existem diferenças essenciais entre o art. 1º da Lei de Lavagem de Dinheiro e o art. 6º da Lei Antiterror. Nesta, pune-se a utilização lícita ou ilícita de recursos, bens ou ativos destinados a financiar a prática dos crimes de terrorismo envolvendo planejamento, preparação ou a execução. Naquela, pune-se a disponibilidade de bens, direitos ou recursos provenientes de infração penal, logo, os recursos são sempre ilícitos. A Lei Antiterror atua dentro do sistema de forma proativa, reprimindo condutas que podem levar à prática dos crimes de terrorismo, funcionando tipicamente como um obstáculo legal. Já a Lei de Lavagem de Dinheiro atua de forma repressiva, punindo a aquisição ilícita de bens, recursos ou valores que forem provenientes (direta ou indiretamente) de infrações penais. A lei de Lavagem de Dinheiro é bastante ampla e atinge qualquer das condutas criminosas previstas no Código Penal, Decreto-Lei nº 2.848 de 7 de dezembro de 1940 (Brasil, 1940); na Lei de Contravenções Penais, Decreto-Lei nº 3.688 de 3 de outubro de 1941 (Brasil, 1941); e nas leis especiais. Já a Lei Antiterror penaliza a acumulação de riqueza com o fim de financiar práticas terroristas (Facciolli, 2017, p.346).

Percebe-se que, para a lavagem de dinheiro, é necessário um crime antecedente ou um crime primário, os quais podem ser muitos, como, por exemplo, o tráfico de drogas, armas, animais em extinção ou órgãos humanos, a falsificação da propriedade industrial, a violação da propriedade intelectual, entre outros. O crime secundário, por sua vez, será o próprio crime de lavagem de dinheiro (Herz & Amaral, 2010, p.84).

Já o financiamento ao terrorismo não necessita, necessariamente, de um crime antecedente, posto que a fonte do financiamento pode ter origem lícita, como de doações de pessoas ricas simpatizantes à causa terrorista, conforme visto. No entanto, é possível que o terrorismo seja também financiado por meio de práticas ilícitas. Segundo Ahmad (2017), o comércio de heroína é uma fonte de renda para grupos afegãos que vendem papoulas aos traficantes internacionais de drogas (p.50).

A motivação da lavagem de dinheiro é sempre o lucro. No financiamento ao terrorismo, a motivação é a possibilidade de utilização dos recursos obtidos em suas atividades radicais das mais diversas maneiras, inclusive adquirindo armas de destruição em massa. Embora alguns grupos tenham uma grande rede organizacional e necessitem de muitos recursos para a sua manutenção, na maioria das vezes, o financiamento ao terrorismo ainda opera por meio de um alto volume de transações de baixo valor, o que torna a detecção mais difícil. A Tabela 1 permite analisar melhor essa questão.

Tabela 1:

Indicadores de risco de PLD/FT/P

	Lavagem de dinheiro	*Financiamento ao terrorismo*	*Proliferação*
Motivação	*Visa ao lucro*	*Ideologia*	*Poder*

Intenção	Integração de ganho ilícito	Financiar atividade terrorista	Desenvolver armas de destruição em massa
Fonte dos fundos	Fontes ilícitas	Fontes ilícitas e lícitas. Pode utilizar-se da lavagem de dinheiro	Programas estatais
Metodologia	Utiliza principalmente o Sistema Financeiro	Utiliza tanto os sistemas formais quanto os informais	Utiliza tanto os sistemas formais quanto os informais
Foco de detecção	Transações suspeitas	Relações suspeitas	Indivíduos, entidades, Estados, produtos, materiais e atividades
Montantes transacionados	Valores altos estruturados, evitando a detecção	Valores baixos com alta intensidade e valores altos estruturados, evitando a detecção	Valores moderados
Atividade financeira	Redes complexas de transações	Sem perfil específico, embora também use redes complexas de transações	Semelhantes a atividades comerciais normais estruturadas para esconder a origem dos fundos
Ciclo de atividade	Financiamento> colocação> ocultação> reintegração> novo financiamento	Financiamento> colocação> ocultação> reintegração> atividade terrorista	Financiamento > ocultação > adquirir/ enviar > ADM

Nota: PLD – prevenção à lavagem de dinheiro; FT – financiamento ao terrorismo; P – proliferação; ADM – armas de destruição em massa. Fonte: IPLD, 2022.

Tanto a lavagem de dinheiro quanto o financiamento ao terrorismo são considerados ilegais na grande maioria dos países, de vez que se utilizam do sistema financeiro de forma ilegal, movimentando bens e recursos financeiros. No entanto, o financiamento ao terrorismo é a lavagem de dinheiro ao contrário, pois enquanto a lavagem de dinheiro visa esconder a origem, o financiamento ao terrorismo visa esconder o seu destino (Fagundes et al., 2019, pp.139-140). Embora esses autores não tratem do financiamento à proliferação, pode-se afirmar que este também visa esconder o destino dos recursos obtidos.

As ações de monitoramento feitas por meio da área de compliance para a lavagem de dinheiro podem ter efeito para tentar evitar o financiamento ao terrorismo que, por sua vez, pode ter efeito para evitar o financiamento à proliferação. No entanto, como mostra a Tabela 1, cada uma dessas figuras tem características, procedimentos e indicadores de riscos próprios. Por exemplo, na lavagem de dinheiro, a detecção é feita por transações suspeitas, e embora isso também possa acontecer no financiamento ao terrorismo e no financiamento à proliferação, o foco do monitoramento do financiamento se dá por relações suspeitas, o que, por sua vez, também pode ocorrer na proliferação. Todavia, para a proliferação, o foco de detecção deve ser indivíduos, entidades, Estados, produtos, materiais e atividades.

Há indicadores de risco que apenas são encontradas em uma dessas figuras, mas há indicadores que são encontrados nos três. A Tabela 1 ajuda a entender as diferenças e similitudes entre a lavagem de dinheiro, o financiamento ao terrorismo e a proliferação e seu financiamento. Pode-se observar que a dinâmica das três figuras difere um pouco. No entanto, fica claro que, para as três, o componente financeiro é muito importante. Portanto, a área de compliance precisa ser capaz de detectar e interromper, na medida do possível, esse fluxo financeiro. Enfatiza-se que uma comunicação de qualidade com o máximo de detalhe possível ao COAF é essencial.

Ao comunicar uma movimentação suspeita ao COAF, a área de compliance deve sempre tentar expor informações que não estejam apenas circunscritas a dados objetivos como: CNPJ, razão social, sítio eletrônico da empresa, diretores, sócios, administradores, mas deve explicar por que essa situação pareceu suspeita: foi por conta do que estava escrito em algum e-mail; foi um pedido estranho; observou-se alguma coisa em uma visita in loco; a movimentação financeira foi incompatível com a renda, o faturamento e a capacidade financeira e patrimonial da empresa; aconteceu alguma situação fora do comum. Também é muito importante que sejam informados valores, datas, origem e destino de recursos e número de contas.

No entanto, detectar isso pode ser muito difícil porque, como nos lembra Vlecek (2022), nem todo o dinheiro que financia o terrorismo vem, necessariamente, de uma fonte ilícita. Ele pode vir do salário de alguém que deposita um valor em espécie em urna que arrecada dinheiro para alguma causa ilegítima. Sendo assim, deve-se focar menos na origem do dinheiro e colocar toda a atenção no destino do dinheiro (Capítulo 1, parágrafo 17).

No Brasil, ainda é muito difícil identificar casos de proliferação e financiamento. O COAF publica de quando em vez um documento denominado "Casos e Casos", uma publicação que reúne os eventos identificados no Brasil pertinentes à lavagem de dinheiro e ao financiamento do terrorismo (COAF, 2021). Esse estudo de casos pode contribuir para a capacitação de agentes públicos e privados ao elencar 87 tipos diferentes já observados no Brasil de lavagem de dinheiro e 6 casos de financiamento ao terrorismo. No entanto, tal estudo não identifica nenhum caso de proliferação ou seu financiamento.

É importante pontuar que esse documento intitulado "Casos e Casos" , do COAF, já havia recebido três versões anteriores à versão de 2021 e nenhuma delas havia incluído casos de financiamento ao terrorismo. O volume I foi publicado em 2011 (COAF, 2011), o segundo volume, em 2014 (COAF, 2014), e o terceiro, em 2015 (COAF, 2015), tendo ocorrido uma nova publicação em 2016 apenas para compilar as publicações anteriores sem adicionar nenhum novo caso (COAF, 2016).

A publicação de "Casos e Casos", do COAF, que primeiro incluiu o financiamento ao terrorismo foi a do ano de 2021 (COAF, 2021), a única publicada posteriormente à promulgação da lei antiterrorismo brasileiro, Lei nº 13.260 de 16 de março de 2016 (Brasil, 2016).

Tal publicação do COAF ainda não incluiu nenhuma tipologia de proliferação e seu financiamento, embora o Brasil já tenha tido envolvimento em casos dessa natureza, conforme apresentado. Destaca-se como seria salutar a publicação de uma lei especial criminalizando a proliferação e seu financiamento, como ocorreu com a Lei Antiterror. Dessa forma, as autoridades nacionais conseguiriam dar tratamento adequando a esses casos. A iniciativa privada, por meio de sua área de compliance, também poderia estar munida de mais recursos legais e documentais apoiando o seu monitoramento e aumentando a sua capacidade de percepção de casos de proliferação e seu financiamento.

O Papel da Área de Compliance e a Prevenção à Proliferação e seu Financiamento

Como prevenir o financiamento à proliferação de ADM? Como impedir esse financiamento? Para responder a essas perguntas, será necessário analisar informações, causas e motivos para possibilitar a consecução de esforços multidisciplinares, já que esse fenômeno está intimamente ligado a acontecimentos sociais, políticos e econômicos.

É difícil detectar a finalidade de utilização dos materiais de uso dual, destaca o site do Instituto de Prevenção à Lavagem de Dinheiro (IPLD, 2023), por isso os criminosos, utilizando-se do financiamento que as instituições financeiras disponibilizam para seus clientes, adquirem tais bens. Sendo assim, é muito importante que profissionais que atuam nessas instituições estejam capacitados para identificar quando a compra desses materiais se enquadra em uma operação suspeita. Elisa de Anda Madrazo, Presidente do GAFI, entre 2020-2023, pontua:

> O papel do setor privado na prevenção ao FP, pode ser entendido em dois pilares principais:
>
> Prevenção: identificação das operações suspeitas e dos riscos, que são resultados de dois fatores principais – a vulnerabilidade das instituições e a ameaça externa. Para combater esses riscos, as instituições devem estar cientes de quais são suas vulnerabilidades e mitigá-las, ao buscarem conhecimento e capacitação para estarem sempre atualizadas para entenderem quais são as ameaças externas.
>
> Reporte: comunicação das operações suspeitas e dos sinais de alerta para a Unidade de Inteligência Financeira (UIF).
>
> Ao verificar as transações, as instituições financeiras devem ficar atentas a vários elementos que podem levar a sinais de alerta: descrição vaga dos materiais ou produtos adquiridos na transação; empresas de fachada; agentes operando para terceiros que levantam suspeitas; origem e destino das mercadorias. (IPLD, 2023)

Como já citado, no Brasil, a lei que trata da prevenção à lavagem de dinheiro é a Lei nº 9.613 de 3 de março de 1998 (Brasil, 1998). Essa lei impõe, em seu art. 10, inciso I[27], que as pessoas obrigadas, que são aquelas elencadas em seu art. 9º, devem implementar procedimentos de identificação e monitoramento destinados a conhecer os clientes.

Os órgãos fiscalizadores das pessoas obrigadas, por sua vez, publicaram normativas para regulá-las, estabelecendo a obrigatoriedade de implementação de processos e procedimentos que identifiquem e monitorem seus clientes.

---

27 "Art. 10. As pessoas referidas no art. 9º:

I identificarão seus clientes e manterão cadastro atualizado, nos termos de instruções emanadas das autoridades competentes;"

Uma lista de todas essas normas está disponível no site do COAF, em Órgãos Reguladores e Fiscalizadores (COAF, 2025).

Embora, para muitos ramos de atividade econômica, a criação e o estabelecimento de um programa de conformidade sejam opcionais, para essas empresas, já existe umaobrigação legal e regulatória que as obriga a ter uma atividade voltada à proteção de bens jurídicos (Schütt, 2024, pp.118-119). Essas empresas serão tratadas a seguir.

Tais normativas dispõem sobre as políticas, os procedimentos e os controles internos destinados, especificamente, à prevenção e combate ao crime de lavagem de dinheiro ou ocultação de bens, direitos e valores e aos crimes com que eles possam estar relacionados.

Para desenvolver o trabalho em questão, é necessária uma área, composta por pessoas altamente especializadas e dedicadas, que tenham conhecimento técnico especializado e saibam utilizar as ferramentas tecnológicas disponíveis, empregando boa parte de seu tempoe recursos para o exercício da atividade.

Não é possível a alegação de desconhecimento da obrigação ou de falta de capacitação para exercê-la por sua complexidade, de vez que, segundo o artigo 3º da Lei de Introdução às Normas do Direito Brasileiro[28], Decreto-lei nº 4.657 de 4 de setembro de 1942 (Brasil, 1942), ninguém pode se isentar de cumprir a lei sob a justificativa de desconhecê-la.

A atividade de PLD/FT/P é bastante complexa, exigindo a participação de diversos atores, cada um com suas respectivas responsabilidades, tais como: Banco Central, Polícias, Ministérios Públicos (Federal e Estaduais), COAF e Poder Judiciário se, porventura, efetivamente, ocorrer um caso. Por ser uma atividade muito complexa, esse labor fica sob a responsabilidade da área de compliance. Isso se dá, também, devido aos processos de investigação e análise de informação (due diligence) serem afetos à área de compliance. Nesse sentido, Giovanini (2020) afirma:

---

28 “Ninguém se escusa de cumprir a lei, alegando que não a conhece.”

> se o processo de due diligence for implementado de maneira coordenada à comunicação, à sensibilização e aos treinamentos adequados, ocorre um envolvimento natural dos indivíduos responsáveis pela contratação dos terceiros, promovendo um fortalecimento do mecanismo de integridade. (p.114)

Parte dessa complexidade está na análise de risco e, segundo Schütt (2024), é fundamental que o exercício da liberdade empresarial seja garantido dentro de níveis derisco tolerável (p.119). Albuquerque (2019) define risco como algo em potencial proveniente de um resultado adverso derivado de ameaças, vulnerabilidades e consequências a elas associadas (p.25). O risco de proliferação e seu financiamento deve ser analisado com base nas ameaças e nas vulnerabilidades (USA, 2022).

A análise de risco, por sua vez, é a capacidade de antecipar ameaças e oportunidades, possibilitando às empresas desenvolverem sua capacidade de agir de forma preventiva, maximizando o sucesso e diminuindo as perdas, tendo por base a natureza do risco, seu nível, probabilidade e impactos. A partir daí, deverão desenvolver ações de mitigação desses riscos (Albuquerque, 2019, p.29).

Segundo Albuquerque, quando faltam dados históricos, a atenção não deve ser focada em valores numéricos, mas na modelagem (p.32) do comportamento do adversário, gerando informações que são utilizadas para as soluções dos problemas (p.88). Acredita-se que essa proposta de análise de risco seja compatível com o risco de proliferação e seu financiamento, já que são parcos os exemplos vividos até então. A modelagem e o comportamento do adversário serão mais bem detalhados no próximo item.

É necessário ser capaz de mapear e identificar os riscos conexos à proliferação que ocorre rotineiramente. Para isso, precisa-se conhecer e entender o problema e não o ignorar. Entender as causas, as pretensões, as formas de atuação desses grupos e pessoas é o que se pode fazer para tentar evitar que casos de proliferação ou seu financiamento ocorram. Com aquilo que não se conhece, não se lembra e até com o que não se importa, simplesmente, nada se faz a respeito. É necessário adotar uma mentalidade global capaz de buscar benchmarking em casos reais, por mais escassos que sejam, entender qual foi a estratégia, como foi executado, o que funcionou, o que não funcionou. É bastante desafiador, mas possível.

Por mais que a tendência seja precaver-se e alocar recursos para prevenir eventos de maior probabilidade de ocorrência, os eventos de baixa probabilidade e grandes perdas não podem ser ignorados, por mais que eles gerem menor retorno de investimento e que, na comparação entre o custo e o benefício gerados, em uma análise estritamente financeira, simplesmente não se justifique. Assim, a baixa probabilidade não significa ausência de possibilidade de ocorrência, principalmente quando os resultados podem ser incalculáveis em termos financeiros. Destacam-se as implicações sociais dentro de uma comunidade, além de um impacto reputacional difícil de ser aferido economicamente, porque determinada empresa estava presente na cadeia de acontecimentos e não atuou no sentido de prevenir acontecimentos como a proliferação e seu financiamento.

Sandel (2015), ao debater o tema da justiça, usa o argumento da moral. Segundo o autor, a moral de uma ação depende das consequências que ela acarreta e que a coisa certa a fazer é aquela que produzirá os melhores resultados. O autor continua:

> A moral é uma questão de avaliar vidas quantitativamente e pesar os custos e benefícios? Ou certos deveres morais e direitos humanos são tão fundamentais que estão acima de cálculos dessa natureza? (p.47)

Ainda segundo Sandel (2021), as normas como a virtude cívica e o espírito público são de extrema relevância, pois geram condutas socialmente benéficas (p.118). Significa que nem tudo deve ser olhado estritamente do ponto de vista do custo-benefício econômico.

Tudo isso deve ser considerado para um cenário em constante modificação. Enquanto profissionais do compliance dedicam tempo e recurso para monitorar, analisar e antever práticas voltadas à proliferação e seu financiamento, os interessados em proliferar, de outro lado, também dedicam tempo e recurso pensando em como vão escapar dos controles implementados. Segundo Albuquerque (2019), o adversário consegue se adaptar a mudanças, aumentando o número de variáveis para a análise do risco, o que gera consequente necessidade de criação de critérios consistentes, proporcionando conhecimento suficiente para assessorar a tomada de decisão (p.87). Isso ocorre em um ciclo interminável.

Cumpre ressaltar que as empresas não estão obrigadas a impedir, totalmente, que algo ocorra, porque isso seria impossível, mas elas estão obrigadas a empreender seus melhores esforços no sentido de identificar movimentações financeiras, relações de negócio e pessoas suspeitas, inteligência dos artigos: art. 18 parágrafo único[29], art. 1º §3º inciso II[30], art. 15[31], art. 17 inciso VII alínea

---

29 "As pessoas mencionadas nos incisos I e III do art. 3º devem, de forma passível de verificação, compreender e, quando apropriado, empreender esforços para obter informações adicionais a respeito do propósito da relação de negócio mantida pelo cliente ou, se for o caso, por procurador legalmente constituído, com a instituição."

30 "identificar, observado o disposto nos arts. 13, 15 e 16 da Resolução e no §2º do art. 1º do Anexo III, as situações em que são possíveis a individualização de uma pessoa natural, ou pessoas naturais como efetivos beneficiários finais, assim como envidar os esforços necessários para identificá-los."

31 "Nas situações em que for necessária a condução de diligências visando à identificação do beneficiário final de entes constituídos sob a forma de trust ou veículo assemelhado, também devem ser envidados e evidenciados esforços para identificar:

I – a pessoa que instituiu o trust ou veículo assemelhado (settlor);

II – o supervisor do veículo de investimento, se houver (protector);

III – o administrador ou gestor do veículo de investimento (curador ou trustee); e

a[32], todos da Resolução CVM nº 50 de 31 de agosto de 2021 (CVM, 2021). Devem se reportar ao COAF, diante de alguma situação que levante suspeita, segundo art. 2º, inciso I, alínea k[33], da Resolução COAF nº 36 de 10 de março de 2021 (COAF, 2021) e art. 11, inciso II[34], da Lei nº 9.613 de 3 de março de 1998 (Brasil, 1998).

Esse é o foco que a área de compliance deve ter. Significa que a área de compliance deve empreender seus maiores esforços em monitorar movimentações financeiras, relações de negócios e pessoas, tanto jurídicas quanto físicas, posto que a norma não as distingue. Deve, ainda, reportar ao COAF toda e qualquer suspeita de proliferação e seu financiamento.

A ATUAÇÃO DO COMPLIANCE NO SETOR FINANCEIRO

Segundo o GAFI, o sistema bancário é a forma mais eficiente de se transferir fundos internacionalmente, sendo bastante vulnerável ao financiamento do terrorismo, pois as transações de baixo valor são difíceis de serem monitoradas e distinguidas das transações lícitas. Soma-se a isso o fato de os criminosos misturarem depósitos de atividades legítimas com ilícitas. (FATF, 2015, apud

---

IV – o beneficiário do trust, seja uma ou mais pessoas naturais ou jurídicas."

32 "envidar esforços adicionais para identificar a origem dos recursos envolvidos nas referidas operações."

33 "encaminhamento de comunicações devidas ao COAF;"

34 "II – deverão comunicar ao COAF, abstendo-se de dar ciência de tal ato a qualquer pessoa, inclusive àquela à qual se refira a informação, no prazo de 24 (vinte e quatro) horas, a proposta ou realização:"

Fernandes et al., 2019, pp.157-158). Isto também se aplica quando ocorre a proliferação.

O Setor Financeiro e sua Normativa Aplicável

O GAFI recomenda a abordagem baseada em risco (ABR) em sua Recomendação de nº 1[35] (FATF-GAFI, 2012), segundo a qual as entidades supervisionadas devem tomar medidas necessárias e adequadas aos riscos relacionados à lavagem de dinheiro, financiamento ao terrorismo e proliferação, alocando os recursos disponíveis para mitigar tais riscos. O cenário será distinto a depender de cada entidade supervisionada, não apenas porque existem muitos ramos de atividade, mas também porque, dentro de um mesmo ramo, as entidades supervisionadas podem apostar em risco maior ou menor que outra.

---

35 "Avaliação de riscos e aplicação de uma abordagem baseada no risco

Os países devem identificar, avaliar e compreender os riscos de lavagem de dinheiro e financiamento do terrorismo para o país, e tomar medidas, inclusive designando uma autoridade ou mecanismo para coordenar as ações de avaliação de riscos, e aplicar recursos com o objetivo de garantir que os riscos sejam efetivamente mitigados. Com base nessa avaliação, os países devem aplicar uma abordagem baseada no risco (ABR) para garantir que as medidas de prevenção ou mitigação da lavagem de dinheiro e do financiamento do terrorismo sejam proporcionais aos riscos identificados. Essa abordagem deve ser um fator essencial para a alocação eficiente de recursos por todo o regime antilavagem de dinheiro e de combate ao financiamento do terrorismo (ALD/CFT) e para a implementação das medidas baseadas em risco em todas as Recomendações do GAFI. Quando os países identificarem riscos maiores, deveriam se assegurar de que seu regime ALD/CFT aborda adequadamente esses riscos. Quando identificarem riscos menores, os países poderão optar por medidas simplificadas para algumas das Recomendações do GAFI, sob certas condições. Os países deveriam exigir que as instituições financeiras e atividades e profissões não financeiras designadas (APNFDs) identifiquem, avaliem e adotem medidas efetivas para mitigar seus riscos de lavagem de dinheiro e financiamento do terrorismo."

O GAFI deu bastante liberdade às empresas, possibilitando que cada uma tenha a sua própria avaliação e controle, porque elas são as experts em suas próprias atividades. Nesse sentido, por exemplo, compete às empresas supervisionadas pela Comissão de Valores Mobiliários (CVM) identificar o risco, ou seja, quem são os clientes? Qual é a sua jurisdição? Qual é o serviço prestado e/ou o produto vendido? Compete a elas, ainda, avaliar o risco, ou seja, a conformidade com as políticas implementadas, a linha de governança seguida, os controles internos que possui, os sistemas utilizados. O negócio estaria dentro da ambição de risco da supervisionada? (CVM, 2021). Todas essas e ainda outras considerações podem ser encontradas na Nota Explicativa à Resolução CVM nº 50 (CVM, 2021).

Para o setor bancário, há outra importante fonte que é o documento do Comitê da Basileia para a supervisão bancária intitulado "Princípios Fundamentais para uma Supervisão Bancária Efetiva" (BACEN, 2006), publicado originalmente em 1997 e revisto em outubro de 2006 (BACEN, 2006), que contribui para a consistência do sistema financeiro, não só no Brasil, mas no mundo inteiro. Dentre outras práticas para a supervisão que atualmente, no Brasil, são reguladas pela CVM, destaca-se o Princípio 18[36], que trata da integridade do setor bancário. Segundo esse princípio, os entes responsáveis pela supervisão devem se assegurar que os seus supervisionados tenham políticas e procedimentos consistentes, neles incluído o KYC, capazes de promoverem a ética profissional, objetivando que a instituição bancária não seja usada intencionalmente para a prática de delitos (BACEN, 2006, p.8).

Ainda em relação ao desenvolvimento de padrões de políticas de KYC para o setor bancário, foi criado, na Suíça, o Grupo Wolfsberg (2000), que é uma associação de 12 bancos mundiais que tem por objetivo desenvolver orientações para as melhores práticas para a gestão dos riscos de PLD/FT/P. Alguns desses

---

36 "Os supervisores devem se assegurar de que os bancos adotam políticas e processos adequados, incluindo regras rígidas do tipo "conheça seu cliente", que promovem altos padrões éticos e profissionais no setor financeiro e evitam que o banco seja usado, intencionalmente ou não, para atividades criminosas."

bancos têm forte presença no Brasil, tais como o Banco Santander, o Citibank, o HSBC, entre outros. Em 2001, foi publicado pelo Comitê da Basileia um documento específico sobre o KYC para bancos, intitulado Customer due diligence for banks (Suíça, 2001), sendo o seu foco a prevenção à lavagem de dinheiro quando a instituição financeira aceita um novo cliente.

Embora nenhum desses documentos tenha sido criado visando à prevenção à proliferação e seu financiamento, acredita-se que todos eles possam ser aplicados também nessa lógica, já que, como apresentado, o monitoramento quanto à lavagem de dinheiro pode surtir efeitos no monitoramento do financiamento ao terrorismo e da proliferação e seu financiamento.

O programa conheça seu cliente deve, portanto, desenvolver um trabalho eficaz para o monitoramento e a identificação de operações e situações atípicas ou suspeitas, mantendo um rigoroso monitoramento da idoneidade das empresas integrantes do grupo, bem como de seus sócios, controladores, administradores e procuradores. É necessária a busca de informações derivadas da mídia, das listas públicas nacionais e das listas internacionais, de fundamental importância para o acompanhamento da conduta dessas corporações. Esse labor é especialmente difícil em relação ao beneficiário final (IPLD, 2019).

Para o GAFI (FATF-GAFI, 2012), beneficiário final é o "beneficiário" ou "real beneficiário" – pessoa física que efetivamente possui, controla ou tenha o "controle efetivo final" da pessoa jurídica. Refere-se também a situações nas quais a propriedade e/ou o controle seja exercido por meio de uma cadeia de propriedade ou por meio de um controle que não seja o controle direto. O beneficiário final, ainda segundo o documento, pode possuir ou controlar um cliente e/ou a pessoa física em nome de quem a transação esteja sendo conduzida. Isso inclui, também, as pessoas que exercem o controle efetivo final de uma pessoa jurídica ou de outra estrutura jurídica a ela ligada (p.196).

Brewer (2017) relata um caso envolvendo um beneficiário final ocorrido em agosto de 2017. Um dos clientes de uma instituição financeira solicitou a remessa de uma quantia para uma fábrica na China como pagamento pela compra de cerca de 5.000 capacetes. Na mensagem de pagamento, não foi informado o destino da remessa das mercadorias. Como o capacete é um item presente na Lista de Controle de Commodities Estratégicas do Departamento de Indústria e Comércio do Governo da Região Administrativa Especial de Hong Kong, o banco solicitou uma cópia da fatura para ajudar na avaliação de PLD/FT/P. Por meio dela, descobriu-se que as mercadorias declaradas na fatura eram capacetes de aço e que seu beneficiário final se encontrava no Sudão, um país sancionado, para onde todos os capacetes seriam enviados. Dadas as incertezas sobre quem, de fato, era o comprador final dessa remessa e o fato de que as próprias mercadorias poderiam ser usadas para fins militares, a instituição financeira se recusou a prosseguir com essa transação (p.185).

Com esse relato de caso, destaca-se a importância de se estudar todos os presentes na cadeia do negócio, até aqueles que, em um primeiro momento, não estão aparentes, como é o caso do beneficiário final. Quando se afirma que o compliance precisa fazer o monitoramento constante, este deve ser efetuado em relação a todos os presentes na cadeia do negócio, aí englobando terceiros, tais como: fornecedores, representantes, intermediários e beneficiários finais, e não apenas os clientes.

Além dos instrumentos internacionais, há importantes produções nacionais sobre a temática. Aqui estão algumas normas:

1. Carta-Circular nº 2.826 de 4 de dezembro de 1998 do Banco Central do Brasil (BACEN) - Divulga relação de operações e situações que podem configurar indício de ocorrência dos crimes previstos na Lei nº 9.613 de 3 de março de 1998, e estabelece procedimentos para sua comunicação ao Banco Central do Brasil (BACEN, 1998).

2. Circular nº 3.978 de 23 de janeiro de 2020 do BACEN - Dispõe sobre a política, os procedimentos e os controles internos a serem adotados pelas instituições autorizadas a funcionar pelo Banco Central do Brasil, visando à prevenção da utilização do sistema

financeiro para a prática dos crimes de "lavagem" ou ocultação de bens, direitos e valores, de que trata a Lei nº 9.613 de 3 de março de 1998, e de financiamento do terrorismo, previsto na Lei nº 13.260 de 16 de março de 2016 (BACEN, 2020).

O Setor Financeiro e a Prevenção à Proliferação e seu Financiamento

Será abordada neste tópico a norma mais importante para o setor financeiro quanto à proliferação e seu financiamento, que é a Resolução CVM nº 50 de 31 de agosto de 2021 (CVM, 2021).

Importante frisar que, de todos os órgãos fiscalizadores das pessoas obrigadas descritas no art. 9º da Lei 9.613/98 (Brasil, 1998), a Comissão de Valores Mobiliários foi o primeiro órgão, com base no art. 14 da Lei nº 9.613/98 c/c Resolução COAF nº 36/2021, a incluir a prevenção ao financiamento da proliferação de ADM em sua normativa. Essa norma é a Resolução CVM nº 50 de 31 de agosto de 2021 (CVM, 2021)[37].

Tal inclusão é salutar para o arcabouço normativo brasileiro. O problema é muito complexo e novo, existem muitas dúvidas, tais como as relativas ao custo desse monitoramento e os riscos de ações legais. A prevenção à proliferação e seu financiamento não são questões tão tangíveis e sistematizadas, e normas como essa ajudam a melhor entender e trazer o problema ao debate.

O que ocorre, muitas das vezes, é que não só os setores obrigados, mas a sociedade em geral tende a subestimar o risco de financiamento à proliferação,

---

37 "Dispõe sobre a prevenção à lavagem de dinheiro, ao financiamento do terrorismo e ao financiamento da proliferação de armas de destruição em massa - PLD/FTP no âmbito do mercado de valores mobiliários e revoga a Instrução CVM nº 617 de 5 de dezembro de 2019 e a Nota Explicativa à Instrução CVM nº 617 de 5 de dezembro de 2019."

assim como o fazem com o risco de financiamento ao terrorismo, pois a probabilidade de ocorrer é muito baixa se comparada com outras questões, como a lavagem de dinheiro.

O problema é que existe, sim, o risco de financiamento à proliferação no Brasil, assim como em qualquer lugar do mundo. É preciso atenção, pois ele tem dinâmica própria. Embora seja correto afirmar que várias das ações de monitoramento para a lavagem de dinheiro podem e têm muito efeito para tentar evitar a proliferação e seu financiamento, existem características, procedimentos e indicadores que são específicos apenas para este e é importante que as instituições as conheçam e se preparem para isso. No Brasil, há uma falsa percepção de que o risco da ocorrência desse crime é pouco ou nenhum, de vez que o país é pacífico. No entanto, improbabilidade é muito diferente de impossibilidade. Não existe, ainda, um parâmetro estabelecido, uma métrica a ser seguida. É necessário investir mais em treinamentos e começar esse aculturamento e conscientização. Se não conseguirmos identificar o risco, como atuaremos na prevenção?

O Banco Central do Brasil, por meio da sua última Avaliação Setorial de Risco (ASR), que ocorreu em 2023, objetivou (BACEN, 2023):

1. Auxiliar as unidades internas do Banco Central na implementação de suas iniciativas de PLD/FTP;
2. Apoiar as Entidades Supervisionadas na elaboração e revisão de suas avaliações internas de risco relacionadas à Lavagem de Dinheiro e ao Financiamento do Terrorismo;
3. Comunicar outras instituições que integram o sistema brasileiro de PLD/FTP sobre os riscos e vulnerabilidades identificados no setor regulado pelo Banco Central.

O Banco Central incluiu, pela primeira vez, de forma independente, o risco de financiamento à proliferação em seu estudo, identificando-o como terceiro maior risco, juntamente com o financiamento ao terrorismo (BACEN, 2023, p.9).

Na ASR anterior, no ano de 2019, o risco de FT/P foi incluído junto com o risco de câmbio, no entanto, para a nova publicação, decidiram colocar o risco de financiamento à proliferação em uma categoria apartada para que fosse possível analisar a probabilidade e o impacto desse risco, já que ele possui características próprias (BACEN, 2023, p.12).

O risco mais significativo nessa categoria, segundo a ASR, refere-se à execução tardia da indisponibilidade de ativos vinculados a pessoas físicas, jurídicas ou entidades sancionadas por Resolução do Conselho de Segurança das Nações Unidas (CSNU; United Nation Digital Library, 1990), de acordo com a Lei 13.810 de 8 de março de 2019 (Brasil, 2019).

Fica evidente, portanto, que a percepção de que os riscos de proliferação e seu financiamento são baixos, no Brasil, não passa de um mero desconhecimento a respeito do tema, na medida em que um órgão altamente especializado, como o Banco Central, identifica alguns riscos relativos ao financiamento ao terrorismo como altos. No Anexo 1, do ASR de 2023, encontra-se a relação completa, incluindo os demais riscos de FT/P, que apesar de terem sido avaliados com um impacto potencial "muito alto", a probabilidade de sua ocorrência foi classificada como "média" (BACEN, 2023, pp.12-20).

Se as empresas supervisionadas pela CVM já têm, pelo menos, o risco do financiamento à proliferação mapeado, elas podem, por exemplo, implementar alguma ferramenta de análise de risco já disponível no mercado. Alimentando a ferramenta com informações relevantes para o financiamento à proliferação, ao encontrá-las, poder-se-ia gerar um alerta para que o caso concreto possa ser analisado. As informações a serem incluídas na ferramenta de análise de risco poderiam ser, por exemplo, aquelas que estão apresentadas na Tabela 1, aquelas analisadas no item que trata do papel da área de compliance e o financiamento à proliferação, bem como as informações presentes na ASR de 2023 do Banco Central.

Conforme já mencionado, o modus operandi para a proliferação e seu financiamento têm características específicas. O autor Jonathan Brewer (2017), em seu trabalho intitulado Study of Typologies of Financing of WMD[38] Proliferation, compilou as características encontradas em 60 casos de proliferação e seu financiamento (pp.17-18), que está muito alinhado com a ASR supracitada.

O FATF/GAFI, em 2008, publicou o seu Relatório a respeito do financiamento à proliferação (Proliferation Financing Report) no qual abordou quais seriam, para esse órgão, os indicadores de uma possível proliferação (p.54). Cumpre destacar que esses indicadores também são similares aos dois supracitados.

Dessa forma, haveria a possibilidade de estimar uma tentativa de financiamento à proliferação ou até de proliferação propriamente dita. Segundo Candeloro et al. (2012), atualmente existem muitas ferramentas, algumas sofisticadas, cuja finalidade é detectar operações suspeitas. Segundo esses autores, o parâmetro mais comum nesses sistemas é a comparação com o histórico e o perfil de renda do cliente; havendo qualquer discrepância, o sistema dispara uma informação que é analisada e, se houver necessidade, o caso pode ser reportado (p.212).

O Institute of International Finance (IFF) realizou, em 2018, uma pesquisa com 59 instituições (54 bancos e 5 seguradoras) sobre a exploração e a adoção de técnicas de Machine Learning (ou aprendizado da máquina) no combate especificamente à lavagem de dinheiro. A pesquisa aponta que a aplicação dessa técnica está se espalhando rapidamente pela indústria, impulsionada pela dedicação em construir um sistema de defesa mais forte e eficaz contra atividades ilícitas. A pesquisa também apontou que nenhuma das 59 empresas pesquisadas buscava o aprendizado de máquina como um meio de reduzir a equipe, mas sim para deixar o programa de PLD/FT mais consistente.

---

38 WMD significa Weapons of Mass Destruction; em português, armas de destruição em massa ou ADM.

Ao utilizar tal tecnologia, há uma redução de falso-positivos, bem como melhores resultados de monitoramento das transações (IPLD, 2018). O artigo não trata da proliferação e seu financiamento, no entanto, o aprendizado da máquina também poderia ser utilizado para a prevenção da proliferação e seu financiamento.

Nesse sentido, as informações elencadas poderiam alimentar essas ferramentas para que, ocorrendo em alguma transação, possam ser comunicadas ao COAF nos moldes do art. 11, II e suas alíneas[39], da Lei 9.613 de 3 de março de 1998 (Brasil, 1998). Acredita-se que, com o passar do tempo, essas técnicas, cada vez mais serão usadas pelo compliance com o intuito de impedir que as empresas sejam usadas como instrumento para o financiamento à proliferação.

Uma vez que a empresa, por sua área de compliance, tenha feito todo esse estudo e análise, o FATF/GAFI (2012), em sua Recomendação nº 11, indica guardar por, pelo menos, cinco anos as informações relevantes e que estas estejam disponíveis caso necessário. O mesmo prazo determina o art. 10 §2º[40], da Lei 9.613 de 3 de março de 1998 (Brasil, 1998).

---

39 "Art. 11. As pessoas referidas no art. 9º:

I - dispensarão especial atenção às operações que, nos termos de instruções emanadas das autoridades competentes, possam constituir-se em sérios indícios dos crimes previstos nesta Lei, ou com eles relacionar-se;

II - deverão comunicar ao COAF, abstendo-se de dar ciência de tal ato a qualquer pessoa, inclusive àquela à qual se refira a informação, no prazo de 24 (vinte e quatro) horas, a proposta ou realização:

de todas as transações referidas no inciso II do art. 10, acompanhadas da identificação de que trata o inciso I do mencionado artigo; e

das operações referidas no inciso I;"

40 "§2º Os cadastros e registros referidos nos incisos I e II deste artigo deverão ser conservados durante o período mínimo de cinco anos a partir do encerramento da

O COMPLIANCE NO SETOR SEGURADOR

O setor de seguros possui suas especificidades, nominalmente citadas na Avaliação Nacional de Risco (COAF, 2021). Como apresentado, todos os setores obrigados devem buscar engajar-se sempre mais em relação ao tema da prevenção à proliferação e seu financiamento, buscando a melhoria dos processos, sistemas e ferramentas de análise e tecnologia, bem como a capacitação dos colaboradores e a parceria com os órgãos públicos competentes nessa matéria. Para o setor de seguros, isso não é diferente.

A norma aplicada, especificamente, ao setor de seguros é editada pela Superintendência de Seguros Privados (SUSEP), Circular SUSEP nº 612 de 18 de agosto de 2020 (SUSEP, 2020), que dispõe sobre a política, os procedimentos e os controles internos destinados especificamente à prevenção e combate aos crimes de "lavagem" ou ocultação de bens, direitos e valores, ou aos crimes que com eles possam relacionar-se, bem como à prevenção e coibição do financiamento do terrorismo. Devem ser observados por corretores de seguros e resseguros, seguradoras, sociedades de capitalização, resseguradores locais, admitidos, bem como entidades abertas de previdência complementar. Tal norma não prevê a proliferação e seu financiamento.

A ANR considerou que os setores supervisionados pela SUSEP têm vulnerabilidade baixa aos riscos de lavagem de dinheiro e financiamento ao terrorismo (COAF, 2021, p.61). Embora a ANR não tenha mencionado o risco à proliferação, conclui-se que ele deve, também, ser encarado da mesma maneira. Conforme já pontuado anteriormente, dizer que o risco é baixo não é o mesmo que dizer que não existe risco.

---

conta ou da conclusão da transação, prazo este que poderá ser ampliado pela autoridade competente."

As empresas supervisionadas pela SUSEP, apesar de não existir normativa específica para tal, não são diferentes das demais e devem desenvolver procedimentos compatíveis com os riscos de proliferação e seu financiamento, e não apenas ficar apenas circunscritas à prevenção de lavagem de dinheiro e financiamento ao terrorismo. Destacam-se dois cenários importantes vivenciados pelas empresas supervisionadas pela SUSEP e a Superintendência Nacional de Previdência Complementar (PREVIC) no que tange a PLF/FTP: o seguro de carga e a apólice de seguro de vida, pensão e aposentadoria.

O Papel do Compliance e o Seguro de Carga

Para o risco de proliferação propriamente dito, as empresas supervisionadas pela SUSEP devem manter atenção redobrada quando estiverem frente a um seguro de transporte, principalmente no que se refere ao transporte de carga. Segundo Haines (2014), o potencial de movimentação ilícita de materiais nucleares no comércio terrestre, marítimo e aéreo é uma preocupação de segurança nacional (americana) e internacional significativa e contínua, isso porque o container intermodal moderno é um vetor ideal para o movimento secreto de material nuclear ilícito (p.23).

Para Medalia (2005), o melhor lugar para se transportar armas nucleares é dentro de um container de navio (Capítulo 1, item 2, parágrafo 6). Para esse autor, o uso de um navio petroleiro para transportar arma nuclear seria a forma que um grupo terrorista escolheria, pois é muito difícil de ser detectado e o Oriente Médio é a principal fonte de terrorismo antiamericano. Adicionalmente, os Estados Unidos importam uma média de mais de 2 milhões de barris de petróleo bruto por dia dos países do Golfo Pérsico (Capítulo 1, item 2, parágrafo 8).

O autor abordou apenas materiais nucleares, no entanto, pode-se utilizar esse raciocínio para qualquer componente de armas de destruição em massa e seus vetores de entrega, inclusive os de uso dual. Tanto é assim que em dezembro de 2023, os Departamentos de Comércio, Tesouro, Justiça, Estado e Segurança Interna dos Estados Unidos divulgaram uma Nota de Conformidade sobre as melhores práticas de "Conheça a sua Carga" (Know Your Cargo), em uma nítida alusão ao tão conhecido "Conheça o seu Cliente", inclusive porque leva o mesmo acrônimo KYC. Essa Nota oferece indicadores potenciais de sanções e evasão de controle de exportação e incentiva as empresas de transporte, manutenção, provedores de seguros, instituições financeiras e outras entidades envolvidas no transporte de cargas a adotarem medidas de conformidade adequadas para se proteger contra práticas enganosas (OFAC, 2023).

Hutchinson (2004) relata um caso no qual componentes para a fabricação de ADM roubados do Cazaquistão foram levados para a Turquia, passando pela Romênia e Bulgária por via marítima (p.191). Brewer (2017) relata o caso de um cliente de banco não identificado que realizou negociações com uma empresa sediada no Panamá. O banco, por sua vez, suspeitava que essa empresa estivesse agindo como intermediária para um fabricante de produtos de tabaco sediado na Crimeia a fim de contornar as sanções da União Europeia e da OFAC impostas na região. Uma solicitação de um novo produto levou a uma revisão e subsequente investigação das transações do cliente e atividades relativas a "conheça a sua carga," para entender os riscos relacionados a crimes financeiros. A investigação utilizou ferramentas de rastreamento de navios que comprovaram as suspeitas de que o navio estava envolvido em levar produtos à Crimeia (p.183). Tal investigação também considerou a triagem dos números criados pela Organização Marítima Internacional (IMO), que é o número que identifica o navio independentemente de mudanças de nome ou bandeira.

A IMO foi criada, em 1948, como um organismo especializado na estrutura da Organização das Nações Unidas (ONU), tendo como um dos seus propósitos a segurança marítima. O Decreto nº 52.493 de 23 de setembro de 1963 (Brasil, 1963) promulgou a Convenção que criou a IMO, assinada em Genebra no dia 6 de março de 1948.

A IMO criou em 1974, por meio da Convenção Internacional para a Salvaguarda da Vida Humana no Mar (SOLAS), um número de identificação para os navios, para ajudar a prevenir fraudes marítimas e aumentar a segurança dos navios mercantes. Tal número de identificação contém sete dígitos que nunca muda e acompanha o navio até que ele seja sucateado, independentemente do proprietário do navio, do país de registro e de seu nome, segundo regra 3, item 2, do Capítulo XI-1[41] do SOLAS (SOLAS, 1974). Essa convenção internacional foi promulgada pelo Decreto nº 9.988 de 26 de agosto de 2019 (Brasil, 2019).

Toda essa preocupação visa atacar a proliferação e seu financiamento na raiz do problema, não permitindo que o bem saia de um lugar e chegue ao outro. Enquanto muitos acreditam que apenas terroristas ou estados proliferadores estão envolvidos nessa atividade, a realidade mostra que existem outros atores colaborando com eles. Nesse sentido, Shelley (2018) informa que a proliferação e seu financiamento é uma atividade exercida por muitos que podem ser chamados de criminosos de colarinho branco, como, por exemplo, banqueiros, trabalhadores dos transportes e peritos em logística (p.202). Essa teoria é confirmada por Naím (2006), que relata que, em 2003, navios de guerra alemães e italianos abordaram um cargueiro suspeito chamado BBC China, no mar Mediterrâneo, que ia em direção à Líbia, vindo de Dubai, e descobriram, em seu interior, peças destinadas à construção de uma centrífuga nuclear para enriquecimento de urânio, matéria prima das bombas atômicas (p.41).

O compliance desempenha, portanto, um papel muito importante na prevenção à proliferação de ADM no transporte de carga. Este deverá conter políticas e procedimentos específicos a respeito desse tema, incluindo a verificação de documentos, a identificação de cargas e o rastreamento dos itens enviados. Ao promover treinamentos, o compliance deverá abordar o tema de forma específica, conscientizando a respeito dos riscos associados a transportar cargas, estimulando a comunicação em caso de algo suspeito. Deverá, também, monitorar e auditar regularmente as operações de transporte de carga, revisando documentos, contratos e registros do que está sendo transportado. Deve, também, fazer a devida diligência reforçada das partes envolvidas nesses casos, como os fornecedores, transportadores e quaisquer terceiros presentes na cadeia de negócio. Em síntese, deve verificar o que se

---

41 "Todo navio receberá um número de identificação em conformidade com o esquema de número de identificação de navios da IMO, adotado pela Organização."

está transportando, para onde se está transportando, quem é o dono dessa carga, a quem será entregue, o número IMO da embarcação e qual é o destino da viagem. Dessa forma, entenderá o histórico desse navio. E, por último, destaca-se a importância de utilização de tecnologia como o rastreamento da carga em tempo real, possibilitando o monitoramento do transporte.

O Papel do Compliance e os Produtos de Alto Risco Segundo o GAFI

O GAFI traz, no mesmo documento que elenca suas 40 recomendações (FATF/GAFI, 2012), alguns produtos que considera de alto risco para PLD/FT/P, sendo eles:

> 1 - Apólices de seguro de vida em que o prêmio seja baixo (por exemplo, prêmio anual de menos de USD / EUR 1.000 ou prêmio único de menos de USD / EUR 2.500.
>
> 2 - Apólices de seguro de esquemas de pensão se não houver opção de entrega antecipada e a apólice não puder ser usada como garantia.
>
> 3 - Pensão, aposentadoria ou esquema similar que forneça benefícios de aposentadoria para funcionários, em que as contribuições sejam feitas por meio de dedução de salários, e as regras do esquema não permitam a transferência de direitos. (p.103)

Em relação às apólices de seguro de vida, especificamente, estabelece o GAFI que as empresas façam a devida diligência reforçada na hora do pagamento, identificando quem é o real beneficiário da apólice de seguro de vida (p.98), verificando se é uma pessoa politicamente exposta. Caso seja identificada uma relação de alto risco, que a transação seja informada à alta gerência, que seja feita uma análise reforçada da relação de negócio com o segurado e, havendo necessidade, que seja reportado à autoridade competente (pp.108, 239-240). Para o GAFI é muito importante que não seja interrompida a condução normal dos negócios, portanto, as devidas diligências podem ser feitas após o estabelecimento da relação de negócios (FATF-GAFI, 2012, p.99).

Sobre o seguro de vida, o GAFI possui um guia específico apenas para esses casos (FATF-GAFI, 2018). Segundo esse documento, os riscos de PLD/FT são inferiores aos outros produtos financeiros, já que não têm muita flexibilidade, mas pontua que há risco de os recursos provenientes de seguro de vida serem utilizados para o financiamento ao terrorismo. Entre os pontos vulneráveis associados a esse tipo de seguro, destacam-se: pagamentos de indenização por morte a beneficiários residentes em países de alto risco em relação ao terrorismo; prêmios e/ou liquidações pagos por meio de contas em instituições localizadas em jurisdições com maior risco de PLD/FT; e intermediários situados ou associados a jurisdições com elevado risco de PLD/FT (p.55).

Assim, a área de compliance, sempre que estiver frente a um caso de pagamento de seguro de vida, deverá fazer a devida diligência reforçada em relação ao beneficiário da apólice que receberá esse pagamento, onde ele reside, qual a instituição bancária que intermediará esse pagamento e onde ela está localizada, bem como deve buscar essas informações a respeito dos intermediários, se for o caso. Em alguma situação suspeita, que esse relatório entende ser a localização de qualquer das partes em uma jurisdição com maior risco de PLD/FT, o compliance deverá reportar o caso às autoridades competentes. Entende-se que o cenário descrito também deverá ser considerado um fator de risco para a proliferação e seu financiamento, embora o documento não seja explícito quanto a isto.

Embora esse documento não faça menção às áreas consideradas de alto risco para PLD/FT, sabe-se que são os países presentes na lista negra e na lista cinza do próprio GAFI. Os países presentes na lista negra são: República Popular Democrática da Coreia, Irã e Mianmar. Em relação a esses países, o GAFI pede que as nações cooperantes, aquelas que são membros do GAFI, apliquem medidas de due diligence reforçada e, se possível, contramedidas para proteger o seu sistema financeiro (COAF-GAFI, 2024).

Os países presentes na lista cinza do GAFI são: África do Sul, Bulgária, Burquina Faso, Camarões, Croácia, Filipinas, Haiti, Iêmen, Jamaica, Mali, Moçambique, Namíbia, Nigéria, Quênia, República Democrática do Congo, Senegal, Síria, Sudão do Sul, Tanzânia, Turquia e Vietnã. Embora esses países estejam trabalhando junto ao GAFI tentando suprir suas deficiências estratégicas em relação à PLD/FT/P, o GAFI pede que as nações cooperantes façam um monitoramento intensificado (COAF-GAFI, 2024).

Em relação à venda de produtos de pensão e aposentadoria privada, o órgão que regula essa atividade é a PREVIC (Superintendência Nacional de Previdência Complementar). A norma que dispõe sobre a prevenção à lavagem de dinheiro e combate ao terrorismo é a Resolução PREVIC nº 25 de 15 de outubro de 2024 (Brasil, 2024). Essa norma tampouco trata da proliferação e seu financiamento. Embora não haja uma normativa específica para isso, as empresas supervisionadas pela PREVIC não são diferentes das demais e devem estabelecer procedimentos que sejam compatíveis com os riscos de proliferação e seu financiamento, não devendo se limitar apenas à prevenção da lavagem de dinheiro e do financiamento ao terrorismo.

Segundo o Sumário Executivo da ANR, os setores supervisionados pela SUSEP são considerados de vulnerabilidade baixa aos riscos de lavagem de dinheiro e financiamento ao terrorismo. Os setores supervisionados pela PREVIC, especialmente no que se refere à previdência com acumulação, como o Plano Gerador de Benefício Livre (PGBL), o Vida Gerador de Benefício Livre (VGBL) e os produtos de capitalização, são considerados de maior risco e devem estar no foco de atenção das supervisionadas (Brasil, 2021, p.9).

Embora o documento não cite em parte alguma a proliferação e seu financiamento, conclui-se que o foco em relação ao monitoramento do compliance, no que diz respeito aos produtos de VGBL e PGBL também deve ser feito de forma cuidadosa.

O compliance deverá, principalmente nos casos considerados de maior risco, estabelecer controles internos reforçados que sejam específicos, visando à mitigação da exposição, como procedimentos de devida diligência, como o KYC mais rigoroso e monitoramento contínuo; promoção de treinamentos de forma que os colaboradores e terceiros entendam os riscos associados ao produto; implementação de monitoramento de transações visando a detectar movimentações suspeitas; adequação das políticas empresarias no sentido de incluir o risco elevado de financiamento à proliferação e colaboração com a autoridade competente, se for identificado algum caso, no sentido de contribuir nas investigações, entregando as informações coletadas.

Afinal, conforme citado, o caminho para combater essa realidade é a cooperação internacional, o envolvimento e a mobilização de todos na observância da legislação vigente, das políticas de prevenção, das ferramentas de controle e monitoramento e dos instrumentos de detecção e análise de operações suspeitas (Candeloro et al., 2012, p.170).

PERSPECTIVAS FUTURAS: ANÁLISE DAS POSSIBILIDADES

Segundo Rhodes (2010), existe um aumento na demanda por energia nuclear que irá exigir mais infraestrutura necessária para produzir materiais nucleares físseis (p.370). Os motivos para isso são muitos. Um deles é a crise energética trazida pela guerra na Ucrânia e a necessidade de alguns Estados europeus buscarem novas fontes de energia. Uma dessas fontes pode ser a energia nuclear. Com mais demanda, as possibilidades de crescimento do mercado negro nuclear aumentam, podendo majorar também as tentativas de furto e roubo de materiais para construção de ADM e seus vetores de entrega, inclusive com mais ataques às usinas. Não se pode esquecer que a guerra pode levar ao nascimento de um novo Estado fracassado, havendo a quebra da autoridade governamental, a intensificação de conflito, o surgimento de uma máfia criminosa internacional, o aumento de refugiados, a proliferação de armas, entre outros fatores que favorecem o surgimento do terrorismo (Huntington, 1996, p.32).

Ainda não é possível afirmar o que acontecerá com a Ucrânia pós-guerra, mas, certamente, o país sairá mais fragilizado do que entrou, e essa fragilidade poderá transformá-la em um safe-haven, um lugar seguro, sem muitos entraves e fiscalizações para grupos terroristas, seja nos moldes que se conhece atualmente seja em um totalmente novo, com novas ideologias, pretensões e modus operandi. Isto poderá contribuir para a radicalização e a vontade de possuir armamentos nucleares.

A guerra da Rússia contra a Ucrânia está favorecendo a proliferação nuclear. Segundo o Jornal O Globo (16/6/2023), a Rússia transferiu armas nucleares táticas à Bielorrússia, ou seja, pela primeira vez desde o fim da guerra fria, a Rússia transfere a outro país armas nucleares. Segundo a revista norte-americana Time Magazine (29/10/2022), a Rússia estaria importando eletrodomésticos por intermédio do Cazaquistão, como geladeiras e máquinas de lavar, entre outros, com o intuito de retirar seus semicondutores e chips e outras partes que são materiais de uso dual e que, portanto, podem ser utilizados tanto em eletrodomésticos como em produtos militares como rádios, armas e até mesmo jatos e submarinos. Esse é apenas um dos casos de proliferação detectado pelas autoridades.

Essa guerra, desde o começo, já preocupava o GAFI, que manifestou inquietação quanto ao impacto que a incursão militar terá na lavagem de dinheiro, financiamento ao terrorismo e proliferação, principalmente no que tange a criptoativos, ataques cibernéticos, corrupção e ações em face de Organizações não Governamentais - ONG (FATF, 2022). De acordo com Shelley (2014), a maior parte dos materiais nucleares está localizada na Rússia (p.298). A autora afirma que, durante a ex-União Soviética, havia instalações de produção de armas nucleares em cidades que eram rigorosamente fiscalizadas e monitoradas pelo Estado. No entanto, com o colapso da União Soviética, esse controle foi perdido, o que possibilitou o contrabando desse material por parte dos trabalhadores (pp.299-300). Com o agravamento da guerra e a crise econômica, juntamente com a possível corrupção de autoridades russas, isso poderia resultar em um aumento do contrabando de materiais nucleares na região.

Segundo a Agência Internacional de Energia Atômica (IAEA), de janeiro de 1993 a dezembro de 2012, foram reportados, no mundo todo, mais de 2000 incidentes de furto e outras formas não autorizadas de envolvimento ilícitos com materiais nucleares (IAEA, 2012, p.31). Dado que o tráfico nuclear é um fenômeno não muito relatado, é provável que o número de detecções represente apenas uma pequena percentagem do material nuclear efetivamente contrabandeado, principalmente se for considerado o número de materiais reportados como roubados (Shelley, 2014, p.304) e a situação de guerra e crise financeira, a probabilidade desse tipo de atividade poderia crescer ainda mais.

Brewer (2017) destaca as moedas digitais que podem oferecer oportunidades para o financiamento à proliferação. Esse autor exemplifica com o caso dos ataques cibernéticos que ocorreram em 4 de fevereiro de 2016 contra o Banco Central de Bangladesh. Esses ataques transferiram fraudulentamente USD 951 milhões da conta desse banco, no Federal Reserve Bank of New York. Nessa ocasião, a maioria das tentativas de transferência foi bloqueada, mas USD 81 milhões foram encaminhados para contas nas Filipinas e desviados para cassinos. Ainda segundo o autor, o código malicioso é conhecido pelo nome Lazarus, e ainda não se tem conhecimento a quem pertence (p.27). Atualmente, portanto, já existe tecnologia suficiente para, por meio de um código malicioso, transferir milhares de dólares de forma fraudulenta para uma outra conta, dinheiro este que pode ser utilizado para financiar a proliferação.

Segundo o documento intitulado "Avaliação Nacional de Risco do Financiamento à Proliferação" de 2024, dos Estados Unidos (2024 National Proliferation Financing Risk Assessment), a República Popular Democrática da Coreia (RPDC ou Coreia do Norte) enviou milhares de trabalhadores de tecnologia da informação (TI) altamente qualificados, principalmente, à Rússia e à Coreia do Sul, para gerar informações que contribuíssem para seus programas de ADM e mísseis balísticos. Esses funcionários da área de TI tiram proveito de demandas existentes por habilidades específicas, como desenvolvimento de software e aplicativos móveis, para obter contratos de trabalho ou trabalhar de forma autônoma para clientes em todo o mundo, inclusive na América do Norte, Europa e Leste Asiático. Em muitos casos, os trabalhadores de TI da RPDC se apresentam como trabalhadores baseados nos EUA e/ou teletrabalhadores não norte-coreanos. Os trabalhadores podem ofuscar ainda mais suas identidades e/ou localização por meio da subcontratação de trabalho para não norte-coreanos (Department of the Treasury, 2024, p.17).

Ainda segundo esse documento, em julho de 2022, com base em relatos de vítimas de ransomware[42] de um centro médico do Kansas, o United States Department of Justice (DOJ – Departamento de Justiça Americano) confiscou ativos virtuais apreendidos, usados como pagamentos de resgate a hackers[43] da RPDC. Em maio de 2022, o Federal Bureau of Investigation (FBI – Departamento Federal de Investigação dos Estados Unidos) apresentou um mandado de apreensão para ativos virtuais, do montante estimado em USD 500.000, pertencentes às contas de câmbio de lavadores de dinheiro baseados na República da Coreia (RPC ou Coreia do Sul). Uma parte dos fundos apreendidos incluía ativos virtuais pagos pelo centro médico do Kansas, um outro prestador de serviços de saúde no Colorado e de outras vítimas nos Estados Unidos e no exterior (p.18).

Segundo o Departamento de Defesa Americano – Department of Defense (DOD) a Big data[44] (inteligência artificial e modificação genômica), representa nova ameaça potencial de atores Estatais e não Estatais. Ainda segundo o DOD, é possível que os mesmos avanços da ciência biológica e química, criados para desenvolver soluções para a área da saúde, sejam usados para ceifar vidas (DOD, 2023, p.5).

Para Harari (2024), o futuro guarda uma guerra cibernética. As armas cibernéticas são mais versáteis e silenciosas que as bombas nucleares, podendo ser usadas para destruir centros de pesquisa ou invadir um equipamento

---

42 Palavra em inglês para código malicioso que os cibercriminosos usam para bloquear o acesso aos dados das vítimas, que necessitam pagar um resgate para que os criminosos devolvam seus dados.

43 É uma palavra em inglês que significa uma pessoa que tem um trabalho especializado em tecnologia da informação e que atinge seus objetivos por meios questionáveis e muitas vezes ilícitos.

44 Big data é um termo utilizado na área de TI e faz referência a dados que são tão grandes que não conseguem ser processados por computadores comuns.

sensível sem deixar nenhum rastro (p.380). Ainda segundo Harari, é muito mais fácil esconder um laboratório de inteligência artificial do que um reator nuclear (p.385).

Se no passado, para integrar um grupo seleto de nações capazes de infligir a destruição, a posse de ADM era a sua entrada (Hutchinson, 2004, p.160), atualmente, embora isso seja possível, há que se atentar como uma arma cibernética silenciosa pode causar a mesma destruição ou quem sabe uma destruição ainda maior. Segundo Nyquist (2021), não existe país invencível, pois armas biológicas e nucleares podem destruir qualquer país a qualquer momento (p.150). A isso, pode-se acrescentar que também não existem países imunes a uma guerra cibernética.

A área de compliance terá que estar pronta para enfrentar esse cenário, pois a única certeza é que tudo muda e que continuará mudando. Por isso, ela deve se comprometer com a missão de erguer instituições que tenham a possibilidade de, por meio de procedimentos e normas bem estabelecidas, se autocorrigirem e de seguir protegendo não só a própria empresa, mas também toda a sociedade.

Para isso, é importante um programa de compliance efetivo, amplamente debatido neste trabalho e não um programa de compliance de papel, definido por Serpa (2016) como aquele programa sem nenhuma aplicação prática (p.8). Gonçalves (2024) chama a mesma realidade de programas de compliance de fachada, nos quais existiriam apenas uma parcela do que seria necessário para atingir a finalidade a que se propõe (p.454). Isso ocorre porque não se pode esperar um grande ataque terrorista utilizando armas biológicas para assumir que o perigo existe e que é preciso se prevenir (Posner, 2004, p.116), especialmente considerando que isso pode significar a extinção (p.198).

CONCLUSÕES

Atualmente, é possível perceber que o mundo vive em constante ameaça no que diz respeito à utilização de ADM, fazendo que seja crucial a participação tanto da iniciativa privada quanto da pública na discussão da temática. Existem muitos autores, apesar de poucos serem brasileiros, que discutem a questão da proliferação de armas de destruição em massa e seu financiamento. No entanto, não são encontradas publicações que façam a conexão entre a proliferação de armas de destruição em massa, seu financiamento e prevenção. Temas que definitivamente estão intimamente ligados.

O tema é pouco conhecido e pouco debatido no Brasil. Estudos são necessários para se conhecer mais a respeito desse problema que tem múltiplas raízes. O tema é complexo e não existem respostas que sejam simples. O poder público e a iniciativa privada precisam tomar iniciativas mais direcionadas, tanto para combater quanto para prevenir qualquer prática relacionada à proliferação de armas de destruição em massa e seu financiamento.

Por isso, nesta obra, conceituou-se os institutos relevantes para o entendimento do tema, quais sejam: armas de destruição em massa, pseudoarmas de destruição em massa, bens de uso dual (ou bens de uso duplo), vetores de entrega, proliferação de armas de destruição em massa, atores estatais, atores não estatais, não proliferação de armas de destruição em massa, contraproliferação de armas de destruição em massa, desnuclearização, financiamento à proliferação de armas de destruição em massa.

Foram apresentados, no decorrer da obra, diversos tratados e acordos internacionais, dos quais o Brasil faz parte, bem como as diversas normas nacionais. Levantou-se a problemática de não ter o Brasil promulgado um marco normativo criminalizando a proliferação e seu financiamento, o que possibilitaria que a esses cenários fosse dado o tratamento jurídico correto, colaborando também para o entendimento e visibilidade adequados.

E ainda, o Grupo GAFI, do qual o Brasil é membro, incorporou, em suas 40 Recomendações, a prevenção ao financiamento de armas de destruição massiva. Além desse papel normativo, o GAFI examina o cumprimento desses standards, que precisam ser cumpridos pelo Brasil. O não cumprimento colocaria o Brasil em uma posição muito delicada frente à Comunidade Internacional. Portanto, faz-se necessário e imperioso que se tenha uma lei que ajude a combater e prevenir a proliferação e seu financiamento. Por isso, foi debatida a problemática da proliferação e seu financiamento à luz do instituto do compliance, área responsável pelo enfrentamento do tema nas grandes corporações por todo o Brasil, trazendo à tona temas específicos e relevantes, como a discussão apresentada nos subcapítulos de Setor Financeiro e Segurador, focado no papel do compliance em relação à prevenção.

A última parte abrangeu uma reflexão a respeito do futuro e das possíveis novas formas de como podem ocorrer a proliferação e seu financiamento. Isto para que se possa antecipar e já pensar em novas formas de prevenção. Trata-se de um problema complexo sem uma solução clara e facilmente tangível.

Entende-se, portanto, que aquilo que não se conhece e não se entende, simplesmente nada se faz a respeito. Para prevenir, precisa-se conhecer o risco com o qual se está lidando; precisa-se compreendê-lo, monitorá-lo e considerá-lo sério, pois a proliferação e seu financiamento não só podem acontecer no Brasil, como já estão acontecendo. O risco reputacional, financeiro e humano é potencialmente gigantesco e, portanto, o compliance deve estar presente para disseminar a cultura de proteção, pois a sua abrangência está além da proteção da própria corporação, envolvendo também toda a sociedade.

As principais conclusões desta obra são:

A) A estratégia de prevenção e de financiamento das armas de destruição em massa deve ser da competência da iniciativa pública e da iniciativa privada.

B) É necessário que os atores privados tenham a capacidade de mapear e identificar os riscos conexos à proliferação de armas de destruição em massa e seu financiamento para que possam se proteger.

C) A proliferação de armas de destruição em massa e seu financiamento, como um problema brasileiro, precisa de uma abordagem prática e teórica sendo necessário tanto soluções preventivas quanto ações positivas.

REFERÊNCIAS

ABACC. (1991). Acordo Quadripartite entre o Brasil, a Argentina, a Agência Brasileiro-Argentina de Contabilidade e Controle de Materiais Nucleares (SCCC) e a Agência Internacional de Energia Atômica (AIEA) para aplicação de Salvaguardas. Assinado em Viena em 13 de dezembro de 1991. Acesso em 7/12/2022. https://www.abacc.org.br/wp-content/uploads/2016/09/Acordo-Quadripartite-portugu%C3%AAs.pdf-completo.pdf

Ahmad, A. (2017). Jihad & Co: black markets and Islamist power. Oxford University Press.

Albuquerque, C. E. P. (2019). Análise de risco terrorista: revisão sistemática da literatura como suporte à decisão no planejamento de políticas de segurança pública. Dissertação de Mestrado Profissional. Mestrado em Engenharia de Produção. Universidade Federal de Pernambuco. Acesso em 15/03/2025. https://repositorio.ufpe.br/handle/123456789/39430

Allison, G. (2004). Nuclear terrorism. New York. Holt Paperbacks.

Atzili, B. (2010). State weakness and "vacuum of power" in Lebanon. Studies in Conflict & Terrorism, 33(8), 757-782. https://doi.org/10.1080/1057610X.2010.494172

BACEN. (1998). Carta-Circular nº 2.826 de 4 de dezembro de 1998. https://www.bcb.gov.br/pre/normativos/c_circ/1998/pdf/c_circ_2826_v1_o.pdf

BACEN. (2006). Comitê da Basileia. Princípios fundamentais para uma supervisão bancária efetiva. https://www.bcb.gov.br/fis/supervisao/docs/core_principles_traducao2006.pdf

BACEN. (2020). Circular nº 3.978 de 23 de janeiro de 2020. https://normativos.bcb.gov.br/Lists/Normativos/Attachments/50905/Circ_3978_v3_P.pdf

BACEN. (2023). Segunda Avaliação Setorial de Riscos. Acesso em 30/03/2025. https://www.bcb.gov.br/content/estabilidadefinanceira/lavagemdinheiro_docs/relatorio_2_avaliacao_setorial_LDFT_BCB.pdf

Barnaby, F. (2004). How to build a nuclear bomb and other weapons of mass destruction. Nation Books.

BBC News Brasil. (14/11/2024). Atentado no STF foi um ato terrorista? Porque essa discussão importa. Acesso em 10/03/2025. https://www.bbc.com/portuguese/articles/cp9zj2r3jkyo

Brasil. (1940). Decreto-Lei nº 2.848 de 7 de dezembro de 1940. https://www.planalto.gov.br/ccivil_03/decreto-lei/del2848compilado.htm

Brasil. (1941). Decreto-Lei nº 3.688 de 3 de outubro de 1941. https://www.planalto.gov.br/ccivil_03/decreto-lei/del3688.htm

Brasil. (1942). Decreto-lei nº 4.657 de 4 de setembro de 1942. https://www.planalto.gov.br/ccivil_03/decreto-lei/del4657.htm

Brasil. (1943). Decreto-Lei nº 5.452 de 1 de maio de 1943. https://www.planalto.gov.br/ccivil_03/decreto-lei/del5452.htm

Brasil. (1963). Decreto nº 52.493 de 23 de setembro de 1963. https://www2.camara.leg.br/legin/fed/decret/1960-1969/decreto-52493-23-setembro-1963-392522-publicacaooriginal-1-pe.html#:~:text=Promulga%20a%20Conven%C3%A7%C3%A3o%20s%C3%B4bre%20a,06%20de%20mar%C3%A7o%20de%201948.

Brasil. (1969). Decreto nº 64.362 de 17 de abril de 1969. http://www.planalto.gov.br/ccivil_03/decreto/1950-1969/D64362.html

Brasil. (1970). Decreto Legislativo nº 39 de 15 de maio de 1970. https://www2.camara.leg.br/legin/fed/decleg/1970-1979/decretolegislativo-39-1-julho-1970-346882-protocolo-1-pl.html

Brasil. (1975). Decreto nº 75.963 de 11 de julho de 1975. https://www.planalto.gov.br/ccivil_03/decreto/1970-1979/d75963.htm

Brasil. (1976). Decreto nº 77.374 de 1 de abril de 1976. https://www2.camara.leg.br/legin/fed/decret/1970-1979/decreto-77374-1-abril-1976-426054-publicacaooriginal-1-pe.html

Brasil. (1977). Lei nº 6.453 de 17 de outubro de 1977. http://www.planalto.gov.br/ccivil_03/leis/l6453.htm

Brasil. (1988). Constituição da República Federativa do Brasil de 1988. http://www.planalto.gov.br/ccivil_03/constituicao/constituicao.htm

Brasil. (1988). Decreto nº 97.211 de 12 de dezembro de 1988. http://www.planalto.gov.br/ccivil_03/decreto/1980-1989/D97211.htm

Brasil. (1990). Decreto nº 99.165 de 12 de março de 1990. https://www2.camara.leg.br/legin/fed/decret/1990/decreto-99165-12-marco-1990-328535-publicacaooriginal-1-pe.html

Brasil. (1991). Decreto nº 225 de 7 de outubro de 1991. http://www.planalto.gov.br/ccivil_03/decreto/1990-1994/D225.htm

Brasil. (1992). Decreto nº 439 de 3 de fevereiro de 1992. https://www.planalto.gov.br/ccivil_03/decreto/1990-1994/D0439.htm

Brasil. (1992). Lei nº 8.429 de 2 de junho de 1992. https://www.planalto.gov.br/ccivil_03/leis/l8429.htm

Brasil. (1994). Decreto Legislativo nº 11 de 9 de fevereiro de 1994. https://www2.camara.leg.br/legin/fed/decleg/1994/decretolegislativo-11-9-fevereiro-1994-358317-exposicaodemotivos-145220-pl.html

Brasil. (1994). Decreto nº 1.065 de 24 de fevereiro de 1994. http://www.planalto.gov.br/ccivil_03/decreto/1990-1994/D1065.htm

Brasil. (1994). Decreto nº 1.246 de 16 de setembro de 1994. http://www.planalto.gov.br/ccivil_03/decreto/1990-1994/d1246.htm

Brasil. (1995). Lei nº 9.112 de 10 de outubro de 1995. http://www.planalto.gov.br/ccivil_03/leis/l9112.htm

Brasil. (1996). Decreto nº 2.074 de 14 de novembro de 1996. http://www.planalto.gov.br/ccivil_03/decreto/1996/D2074.htm

Brasil. (1998). Decreto Legislativo nº 64 de 3 de março de 1998. https://www2.camara.leg.br/legin/fed/decleg/1998/decretolegislativo-64-2-julho-1998-361727-exposicaodemotivos-143550-pl.html

Brasil. (1998). Decreto nº 2.587 de 12 de maio de 1998. http://www.planalto.gov.br/ccivil_03/decreto/D2587.htm

Brasil. (1998). Decreto nº 2.739 de 20 de agosto de 1998. https://www.planalto.gov.br/ccivil_03/decreto/d2739.htm

Brasil. (1998). Decreto nº 2.864 de 7 de dezembro de 1998. http://www.planalto.gov.br/ccivil_03/decreto/d2864.htm#:~:text=DECRETO%20No%202.864%2C%20DE,que%20lhe%20confere%20o%20art.

Brasil. (1998). Lei nº 9.613 de 3 de março de 1998. http://www.planalto.gov.br/ccivil_03/leis/l9613.htm

Brasil. (1999). Decreto nº 2.977 de 1 de março de 1999. http://www.planalto.gov.br/ccivil_03/decreto/D2977.htm

Brasil. (1999). Decreto nº 3.128 de 5 de agosto de 1999. http://www.planalto.gov.br/ccivil_03/decreto/d3128.htm

Brasil. (2001). Decreto nº 3.976 de 18 de outubro de 2001. http://www.planalto.gov.br/ccivil_03/decreto/2001/d3976.htm

Brasil. (2001). Lei Complementar nº 105 de 10 de janeiro de 2001. https://www.planalto.gov.br/ccivil_03/leis/lcp/lcp105.htm

Brasil. (2012). Decreto nº 7.722 de 20 de abril de 2012. http://www.planalto.gov.br/ccivil_03/_ato2011-2014/2012/decreto/D7722.htm

Brasil. (2013). Lei nº. 12.846 de 1 de agosto de 2013. https://www2.camara.leg.br/legin/fed/lei/2013/lei-12846-1-agosto-2013-776664-publicacaooriginal-140647-pl.html

Brasil. (2016). Decreto nº 8.793 de 29 de junho de 2016. http://www.planalto.gov.br/ccivil_03/_ato2015-2018/2016/decreto/D8793.htm

Brasil. (2016). Lei nº 13.260 de 16 de março de 2016. https://www.planalto.gov.br/ccivil_03/_ato2015-2018/2016/lei/l13260.htm

Brasil. (2018). Justiça Federal, Seção Judiciária do Paraná. 14ª Vara Federal de Curitiba. Sentença exarada na Ação Penal nº 504686367.2016.4.047000/PR. In J. F. M. Chuy. (2018). Operação Hashtag: a primeira condenação de terroristas islâmicos na América Latina. Novo Século.

Brasil. (2019). Decreto nº 9.988 de 26 de agosto de 2019. https://www.planalto.gov.br/ccivil_03/_Ato2019-2022/2019/Decreto/D9988.htm#art3

Brasil. (2019). Decreto nº 10.030 de 30 de setembro de 2019. https://www.planalto.gov.br/ccivil_03/_ato2019-2022/2019/decreto/D10030.htm

Brasil. (2019). Lei nº 13.810 de 8 de março de 2019. http://www.planalto.gov.br/ccivil_03/_ato2019-2022/2019/lei/l13810.htm

Brasil. (2019). Lei nº 13.874 de 20 de setembro de 2019. https://www.planalto.gov.br/ccivil_03/_ato2019-2022/2019/lei/l13874.htm

Brasil. (2019). Ministério da Defesa. Exército Brasileiro. Comando Logístico. Portaria COLOG nº 118 de 4 de outubro de 2019. http://www.dfpc.eb.mil.br/phocadownload/Portarias_EB_COLOG/Portarian118.pdf

Brasil. (2020). Decreto nº 10.270 de 6 de março de 2020. http://www.planalto.gov.br/ccivil_03/_ato2019-2022/2020/decreto/D10270.htm#:~:text=DECRETO%20N%C2%BA%2010.270%2C%20DE%206,Armas%20de%20Destrui%C3%A7%C3%A3o%20em%20Massa.

Brasil. (2020). Resolução nº 32 de 14 de outubro de 2020. https://www.in.gov.br/en/web/dou/-/resolucao-n-32-de-14-de-outubro-de-2020-300160088

Brasil. (2021). Ministério da Defesa. Exército Brasileiro. Comando Logístico. Portaria COLOG/C Ex nº 212 de 15 de setembro de 2021. http://www.ctpconsultoria.com.br/pdf/PORTARIA-212-COLOG-DE-15-09-2021.pdf

Brasil. (2021). Sumário Executivo da ANR. Acesso em 30/03/2025. https://www.gov.br/coaf/pt-br/centrais-de-conteudo/publicacoes/avaliacao-nacional-de-riscos/sumario_executivo-avaliacao-nacional-de-riscos.pdf#:~:text=de%20maior%20risco%20e%20est%C3%A3o%20no%20foco,concluiu%20que%20a%20vulnerabilidade%20do%20setor%20para

Brasil. (2022). Decreto nº 11.129 de 11 de julho de 2022. https://www.in.gov.br/en/web/dou/-/decreto-n-11.129-de-11-de-julho-de-2022-414406006

Brasil. (2022). Portaria MJSP nº 204 de 21 de outubro de 2022. https://www.gov.br/pf/pt-br/assuntos/produtos-quimicos/legislacao/port204.pdf

Brasil. (2024). Grupo de Egmont. (15/03/2024). Acesso em 15/9/2024. https://www.gov.br/coaf/pt-br/assuntos/o-sistema-de-prevencao-a-lavagem-de-dinheiro/sistema-internacional-de-prevencao-e-combate-a-lavagem-de-dinheiro/grupo-de-egmont

Brasil. (2024). Resolução PREVIC nº 25 de 15 de outubro de 2024. https://www.gov.br/previc/pt-br/acesso-a-informacao-1/institucional/normas/resolucoes/resolucoes-previc/2024/resolucao-previc-no-25-de-15-de-outubro-de-2024.pdf

Brewer, J. (2017). Study of typologies of financing of WMD proliferation. Project Alpha at the Centre for Science and Security Studies (CSSS) at King's College London. Acesso em 09/10/2024. https://www.kcl.ac.uk/csss/assets/study-of-typologies-of-financing-of-wmd-proliferation-2017.pdf

Candeloro, A. P. P., Rizzo, M. B. M., & Pinho, V. (2012). Compliance 360º: riscos, estratégias, conflitos e vaidades no mundo corporativo. São Paulo. Trevisan Editora Universitária.

COAF. (2011). Casos e Casos. I Coletânea de casos brasileiros de lavagem de dinheiro. Acesso em 29/03/2025. https://www.gov.br/coaf/pt-br/centrais-de-conteudo/publicacoes/publicacoes-do-coaf-1/casosecasos_1edicao_agosto2013.pdf

COAF. (2014). Casos e Casos. II Coletânea de casos brasileiros de lavagem de dinheiro. Acesso em 29/03/2025. https://www.gov.br/coaf/pt-br/centrais-de-conteudo/publicacoes/publicacoes-do-coaf-1/casosecasos_2edicao_agosto2014.pdf

COAF. (2015). Casos e Casos. III Coletânea de casos brasileiros de lavagem de dinheiro. Acesso em 29/03/2025. https://www.gov.br/coaf/pt-br/centrais-de-conteudo/publicacoes/publicacoes-do-coaf-1/casosecasos_3edicao_abril2015.pdf

COAF. (2016). Casos e Casos. Versão que consolida a I, II e III Coletâneas, ampliada e atualizada em julho de 2016. Acesso em 29/03/2025. https://www.gov.br/coaf/pt-br/centrais-de-conteudo/publicacoes/publicacoes-do-coaf-1/casosecasos_coletanea-completa_setembro2016.pdf

COAF. (2021). Avaliação nacional de risco - Brasil 2021. Acesso em 12/3/2025. https://www.gov.br/coaf/pt-br/centrais-de-conteudo/publicacoes/avaliacao-nacional-de-riscos/3-2_relatorio-avaliacao-nacional-de-risco.pdf/view

COAF. (2021). Casos e Casos. Coletânea de tipologias de LD/FTP. Acesso em 29/03/2025 https://www.legiscompliance.com.br/images/pdf/casos-casos-coaf-2021.pdf

COAF. (2021). Resolução COAF nº 36 de 10 de março de 2021. https://www.in.gov.br/en/web/dou/-/resolucao-coaf-n-36-de-10-de-marco-de-2021-307765911

COAF. (2024). Grupo de ação financeira (GAFI/FATF). Acesso em 14/9/2024. https://www.gov.br/coaf/pt-br/assuntos/o-sistema-de-prevencao-a-lavagem-de-dinheiro/sistema-internacional-de-prevencao-e-combate-a-lavagem-de-dinheiro/o-coaf-a-unidade-de-inteligencia-financeira-brasileira

COAF. (2024). O COAF no Sistema de PLD/FTP. Acesso em 15/3/2025. https://www.gov.br/coaf/pt-br/assuntos/o-sistema-de-prevencao-a-lavagem-de-dinheiro/o-coaf-no-sistema-de-prevencao-e-combate-a-lavagem-de-dinheiro

COAF. (2025). Regulação e Fiscalização. Acesso em 12/02/2025. https://www.gov.br/coaf/pt-br/assuntos/informacoes-as-pessoas-obrigadas/orgaos-reguladores-e-fiscalizadores

COAF-GAFI. (2024). Jurisdições de alto risco sujeitas a um chamado para a aplicação de medidas – fevereiro de 2024. Acesso em 31/03/2024 https://www.gov.br/coaf/pt-br/assuntos/informacoes-as-pessoas-obrigadas/avisos-e-alertas/comunicados-do-gafi/jurisdicoes-de-alto-risco-sujeitas-a-um-chamado-para-a-aplicacao-de-medidas-2013-fevereiro-de-2024

COAF-GAFI. (2024). Jurisdições sujeitas a monitoramento intensificado – fevereiro de 2024. Acesso em 31/03/2024. https://www.gov.br/coaf/pt-br/assuntos/informacoes-as-pessoas-obrigadas/avisos-e-alertas/comunicados-do-gafi/jurisdicoes-sujeitas-a-monitoramento-intensificado-2013-fevereiro-de-2024

CVM. (2021). Nota explicativa à Resolução CVM nº 50. Acesso em 15/09/2024. https://conteudo.cvm.gov.br/legislacao/notas-explicativas/nota_resol050.html

CVM. (2021). Resolução CVM nº 50 de 31 de agosto de 2021. https://conteudo.cvm.gov.br/export/sites/cvm/legislacao/resolucoes/anexos/001/resol050consolid.pdf

Declaração Conjunta sobre Política Nuclear. (1985). Assinada em 30 de novembro de 1985. Acesso em 10/12/2022. https://www.abacc.org.br/wp-content/uploads/2016/10/1985-Declara%C3%A7%C3%A3o-conjunta-sobre-Pol%C3%ADtica-Nuclear-portugu%C3%AAs.pdf

Declaração do Iguaçu entre a República Federativa do Brasil e a República Argentina. (1985). Acesso em 10/12/2022. https://concordia.itamaraty.gov.br/detalhamento-acordo/3329?IdEnvolvido=19&page=22&tipoPesquisa=2

Department of the Treasury. (2024). 2024 National proliferation financing harra assessment. Acesso em 09/10/2024 https://home.treasury.gov/system/files/136/2024-National-Proliferation-Financing-Risk-Assessment.pdf

Deutsche Welle. (2023). Anti-money laundering group FATF suspends Russia. Acesso em 27/09/2024. https://www.dw.com/en/anti-money-laundering-group-fatf-suspends-russia/a-64809632

Deveikis, G. D., & Barbas, L. M. V. (2021). O compliance como "autorregulação regulada" e desafios técnicos de ordem prática. Acesso em 9/3/2025 https://www.migalhas.com.br/depeso/340170/o-compliance-como-autorregulacao-regulada

DOD. (2023). Strategy for countering weapons of mass destruction (2023 Sep. 28). Acesso em 10/10/2024. https://media.defense.gov/2023/sep/28/2003310413/-1/-1/1/2023_strategy_for_countering_weapons_of_mass_destruction.pdf

Elkington, J. (2021). Green swans. The coming boom in regenerative capitalism. New York. Fast Company Press.

ENAP. (2019). Prevenção à lavagem de dinheiro e ao financiamento do terrorismo. Acesso em 05/10/2024. https://repositorio.enap.gov.br/jspui/bitstream/1/6691/1/M%C3%B3dulo%201%20-%20Conhecendo%20o%20tema%20PLD-FT.pdf

Euronews. (2022). Cinco anos depois dos atentados em Las Ramblas. Publicado em 17 de agosto de 2022. Acesso em 29/11/2022. https://pt.euronews.com/2022/08/17/cinco-anos-depois-dos-atentados-em-las-ramblas

Exército Brasileiro. Serviço de Fiscalização de Produtos Controlados (SFPC). Lista de produtos controlados. https://rsprodutoscontrolados.com.br/exercito-lista-de-produtos-controlados/

Facciolli, A. F. (2017). Introdução ao terrorismo. Curitiba. Juruá Editora.

Fagundes, C. F. F., Lasmar, J. M., & Chuy, J. F. M. (2019). Perspectivas do terrorismo transnacional contemporâneo. Belo Horizonte. Arraes.

FATF. (2023) Outcomes FATF Plenary, 25-27 October 2023. Acesso em 16/09/2025 https://www.fatf-gafi.org/content/fatf-gafi/en/publications/Fatfgeneral/outcomes-fatf-plenary-october-2023.html

FATF. (2022). Public Statement on the Situation in Ukraine. Acesso em 27/09/2024. https://www.fatf-gafi.org/en/publications/fatfgeneral/documents/ukraine-2022.html

FATF-GAFI. (2008). Proliferation Financing Report. Acesso em 09/10/2024. https://www.fatf-gafi.org/content/dam/fatf-gafi/reports/Typologies%20Report%20on%20Proliferation%20Financing.pdf

FATF-GAFI. (2012). As recomendações do GAFI. Acesso em 14/9/2024. https://www.fatf-gafi.org/media/fatf/documents/recommendations/pdfs/FATF-40-Rec-2012-Portuguese-GAFISUD.pdf

FATF-GAFI. (2018). Guidance for a risk-based approach: life insurance sector. Acesso em 29/03/2025. https://www.fatf-gafi.org/content/dam/fatf-gafi/guidance/RBA-Life-Insurance.pdf.coredownload.pdf

Fernandes, C. (2015). Atentados de 13 de novembro em Paris. In História do Mundo – Idade contemporânea. Acesso em 29/11/2022. https://www.historiadomundo.com.br/idade-contemporanea/atentados-13-novembro-paris.htm

Fernandes, R. (2019). Lavagem de dinheiro. Aspectos investigativos, jurídicos, penais e constitucionais. São Paulo. Editora Quartier Latin do Brasil

Fragoso, C. F., & Fragoso, J. P. F. (2022). O empresário e os riscos das "teorias" do direito penal. In J. P. Martinelli, I. Costa, & P. S. da Conceição (Coords.). O empresário no banco dos réus: responsabilidade civil, administrativa e penal na atividade empresarial. Belo Horizonte. D'Plácido.

Frantz, D., & Collins, C. (2008). The man from Pakistan. Nova York. Twelve.

GAFILAT. (2024). Grupo de Ação Financeira da América Latina – GAFILAT. Acesso em 15/9/2024. https://www.gov.br/coaf/pt-br/assuntos/o-sistema-de-prevencao-a-lavagem-de-dinheiro/sistema-internacional-de-prevencao-e-combate-a-lavagem-de-dinheiro/gafilat

Ganz, A. V. (2024). Como os programas de compliance podem impactar positivamente na construção civil brasileira e na economia nacional. In E. G. Porto (Org.). Compliance II, uma abordagem multidisciplinar e multissetorial. Orlando. Ambra University Press.

Geraldo, M. S. (2021). Dinâmicas regionais da não proliferação nuclear. Curitiba. Appris Editora.

Ghazvini, L. (2013). The consequences of Iran acquiring nuclear weapons. The George Washington University.

Giovanini, W. (2020). Mecanismo de integridade ou arma para proteção? In M. A. B. de Paula, & R. P. A. de Castro (Coords.). Compliance, gestão de riscos e combate à corrupção. Forum.

Gleason, R. (2014). The nuclear terrorist. New York. A Forge Book.

Gonçalves, F. D. M. (2024). Inquérito policial empresarial: na vanguarda da persecução penal da pessoa jurídica. Curitiba. Juruá.

Guimarães, C. C. (2021). A responsabilidade penal do compliance officer. São Paulo. Editora Contra Corrente.

Haines, J. R. (2014). The perfect storm ahead? An exploration of the risk of nuclear terrorism. Foreign Policy Research Institute. The Philadelphia Papers, nº 5.

Hak Neto, I. A. (2011). Armas de destruição em massa no século XXI: novas regras para um velho jogo. Brasília. Fundação Alexandre de Gusmão.

Harari, Y. N. (2024). Nexus. Uma breve história das redes de informação, da idade da pedra à inteligência artificial. São Paulo. Companhia das Letras.

Hecker, S. S. (2023). Hinge Points: an inside look at North Korea's Nuclear program. California. Stanford University Press.

Herz, M., & Amaral, A. B. (2010). Terrorismo e relações internacionais. Rio de Janeiro. Editora PUC Rio. https://normativos.bcb.gov.br/Lists/Normativos/Attachments/50905/Circ_3978_v3_P.pdf

Huntington, S.P. (1996). O choque de civilizações. Rio de Janeiro. Objetiva.

Hutchinson, R. (2004). Weapons of mass destruction. The no-nonsense guide to nuclear, chemical and biological weapons today. London. Cassel.

IAEA. 2012 Nuclear security achievements 2002–2012. Acesso em 13/10/2024. https://www.iaea.org/sites/default/files/nsachievements0512.pdf

InMetro. (2024). O que é ISO? Acesso em 02/10/2024. http://www.inmetro.gov.br/qualidade/responsabilidade_social/o-que-iso.asp#:~:text=O%20que%20%C3%A9%20ISO%3F,de%20cerca%20de%20160%20pa%C3%ADses

IPLD. (2018). Visão global sobre uso das ferramentas de Analytics em PLD-FT. Acesso em 24/10/2021. https://ipld.com.br/artigos/visao-global-sobre-a-uso-das-ferramentas-de-analytics-em-pld-ft/

IPLD. (2019). Série Grandes Corporações. Acesso em 15/9/2024. https://ipld.com.br/series/serie-grandes-corporacoes-04-acompanhamento-das-grandes-corporacoes/

IPLD. (2022). Instituto de Prevenção à Lavagem de Dinheiro. 4º Congresso Internacional de PLD-FT realizado em São Paulo. Palestra do dia11/05/2022.

IPLD. (2023). O que é a proliferação de armas de destruição em massa e como o Brasil é afetado? Acesso em 14/9/2024. https://ipld.com.br/artigos/o-que-e-a-proliferacao-de-armas-de-destruicao-em-massa-e-como-o-brasil-e-afetado/

Jalalzai, M. K. (2020). Nuclear madness in South Asia. New Delhi. Vij Books Pvt Ltd.

Jenkins, B. M. (2008). Will terrorists go nuclear? New York. Prometheus Books.

Jornal A Folha de São Paulo. (14/4/2022). Material oferecido como urânio e que teria ligação com o PCC era uma rocha comum. Acesso em 14/9/2022. https://www1.folha.uol.com.br/cotidiano/2022/04/material-oferecido-como-uranio-e-que-teria-ligacao-com-pcc-e-uma-rocha-comum.shtml

Jornal O Globo. (16/6/2023). Rússia transfere armas nucleares táticas à Bielorrússia; lembrete aos que 'pensam em nos infligir derrota estratégica', diz Putin. Acesso em 14/9/2024. https://oglobo.globo.com/mundo/noticia/2023/06/russia-transferiu-para-bielorrussia-primeiras-ogivas-nucleares-taticas-anuncia-putin.ghtml

Jusbrasil. (28/08/2015). Operação da PF combate quadrilha de estrangeiros que movimentou R$ 50 milhões. Acesso em 9/3/2025. https://www.jusbrasil.com.br/noticias/operacao-da-pf-combate-quadrilha-de-estrangeiros-que-movimentou-r-50-milhoes/228682306

Kaplan, F. (2020). The bomb: presidents, generals, and the secret history of nuclear war. New York. Simon & Schuster.

Levi, M. (2007). On nuclear terrorism. Cambridge. Harvard University Press.

Lewis, D. (2017). Caçada à bomba atômica de Hitler: a corrida secreta para impedir a produção das armas nucleares dos nazistas. São Paulo. Cultrix.

Medalia, J. (2005). Nuclear terrorism: a brief review of threats and responses. Congressional Research Service. The Library of Congress.

Ministério da Fazenda. (1988). Inteligência financeira. Acesso em 15/9/2024. https://www.gov.br/fazenda/pt-br/assuntos/prevencao-lavagem-dinheiro/inteligencia-financeira

Ministério da Justiça e Segurança Pública. (2014). Grupo de Ação Financeira Internacional – GAFI. Acesso em 14/9/2024. https://www.gov.br/mj/pt-br/assuntos/sua-protecao/cooperacao-internacional/atuacao-internacional-2/foros-internacionais/grupo-de-acao-financeira-internacional-gafi

Ministério da Justiça e Segurança Pública. (2022). Operação Au92 desarticula organização criminosa de comércio ilegal de ouro e urânio. Acesso em 9/3/2025. https://www.gov.br/pf/pt-br/assuntos/noticias/2022/03/operacao-au92-desarticula-organizacao-criminosa-de-comercio-ilegal-de-ouro-e-uranio

Naím, M. (2006). Ilícito: O ataque da pirataria, da lavagem de dinheiro e do tráfico à economia global. Rio de Janeiro. Jorge Zahar Editora.

Narang, V. (2022). Seeking the bomb: strategies of nuclear proliferation. New Jersey. Princeton University Press.

Narang, V., & Sagan, S. D. (2023). The fragile balance of terror. Cornell University Press.

Nasser, R. (2021). A luta contra o terrorismo. São Paulo. Contra Corrente.

Nyquist, J. (2021). As mentiras em que acreditamos. China Rússia e a revolução comunista nos EUA. Curitiba. Editora Danúbio.

OFAC. (2023). U.S. Department of the Treasury. Office of Foreign Assets Control. Department of Commerce, Department of the Treasury, Department of Justice, Department of State, and Department of Homeland Security Quint-Seal Compliance. Note: know your cargo: reinforcing best practices to ensure the safe and compliant transport of goods in maritime and other forms of transportation. Acesso em 12/3/2025. https://ofac.treasury.gov/media/932391/download?inline

ONU. (1982). Convenção das Nações Unidas sobre o Direito do Mar (UNCLOS) celebrada em 10 de dezembro de 1982. https://www.planalto.gov.br/ccivil_03/decreto/1990-1994/anexo/and99165-90.pdf

ONU. (2001). Resolução nº 1.373 de 28 de setembro de 2001 adotada pelo Conselho de Segurança das Nações Unidas. https://www.io.gov.mo/pt/legis/int/rec/553

ONU. (2004). Resolução nº 1.566 adotada pelo Conselho de Segurança das Nações Unidas (CSONU) em sua 5053ª sessão em 8 de outubro de 2004. https://bo.io.gov.mo/bo/ii/2016/36/aviso60.asp#ptg

Ortega, L. (2018) Tradição e ruptura. Curitiba. Appris Editora.

Pergher, H. (2012). O direito do mar e a proliferação de armas de destruição em massa. Florianópolis. Independente.

Peruzzo, J. (2012). Armas nucleares. Irani / Santa Catarina. Edição do Autor.

Porto, E. G. (2022). Compliance e governança corporativa: uma abordagem prática e objetiva. 2 ed. Porto Alegre. Lawboratory, 2022.

Posner, R. A. (2004). Catastrophe: risk and response. New York. Oxford University Press.

Producer & International Distributor eBookPro Publishing.

Reis, B. S., & Carneiro, S. V. (2019). Terrorismo no Brasil – definir para combater. Fortaleza. Expressão Gráfica e Editora.

Revista Época. (4/09/2015). Polícia Federal descobre rede de apoiadores do estado Islâmico em São Paulo. Acesso em 9/3/2025. https://epoca.globo.com/tempo/noticia/2015/09/policia-federal-descobre-rede-de-apoiadores-do-estado-islamico-em-sao-paulo.html

Revista Exame. (24/03/2016). Usinas nucleares eram alvo original de ataques, diz mídia. Acesso em 8/03/2025. https://exame.com/mundo/usinas-nucleares-eram-alvo-original-de-ataques-diz-midia

Revista Veja. (27/11/2015). Polícia Federal desmonta quadrilha especializada em contrabando de urânio. Acesso em 14/9/2022. https://veja.abril.com.br/brasil/policia-federal-desmonta-quadrilha-especializada-em-contrabando-de-uranio/

Revista Veja. (4/6/2024). Sequestro do voo 375: a história do atentado que quase mudou o Brasil. https://veja.abril.com.br/coluna/em-cartaz/sequestro-do-voo-375-a-historia-do-atentado-que-quase-mudou-o-brasil

RFI. (2016). Explosivos do grupo Estado Islâmico têm componente de empresa brasileira. https://www.rfi.fr/br/brasil/20160225-explosivos-do-grupo-estado-islamico-tem-componente-de-empresa-brasileira

Rhodes, R. (2010) The twilight of the bomb. New York. Vintage Books.

Rodrigues, S. T. (2009). Os estados colapsados e a democracia latino-americana: o caso do Brasil. Mato Grosso. UFMT.

Sagan, S. D., Waltz, K. N. (2013). The spread of nuclear weapons. 3 ed. Nova York. W. W. Norton & Company.

Sagir, D. (2024). Weapons of mass deterrence: the secret behind Israel's nuclear power. Tel Aviv. eBookPro Publishing.

Sanctis, F. M. (2009). Crime organizado e destinação de bens apreendidos, lavagem de dinheiro, delação premiada e responsabilidade social. São Paulo. Saraiva.

Sandel, M. J. (2015). Justiça: o que é fazer a coisa certa. 17 ed. Rio de Janeiro. Civilização Brasileira.

Sandel, M. J. (2021). O que o dinheiro não compra: os limites morais do mercado. 15 ed. Rio de Janeiro. Civilização Brasileira.

Santos, D. (2024). Programa de integridade e o sistema de gestão integrado (ISO9001:2015, ISO14001:2015, ISO45001:2018) da organização. In E. G. Porto (Org.). Compliance II, uma abordagem multidisciplinar e multissetorial. Orlando. Ambra University Press.

Sasson, J. (2010) Sob a sombra do terror. Monterey. Editora Best Seller.

SCCC. (1990). Agência Brasileiro-Argentina de Contabilidade e Controle de Materiais Nucleares. Declaração sobre Política Nuclear Comum Brasileiro-Argentina. Assinada em 28 de novembro de 1990. Acesso em 10/12/2022. https://www.abacc.org.br/wp-content/uploads/2016/09/Declara%C3%A7%C3%A3o-de-Pol%C3%ADtica-Nuclear-Comum-Foz-do-Igua%C3%A7u-portugu%C3%AAs-assinada.pdf

Schütt, J. F. (2024). Desperdício do compliance penal do Brasil. Uma crítica da limitada responsabilidade penal da pessoa jurídica na legislação brasileira frente à experiência espanhola. Tirant Brasil.

Senado Federal. (2015). Projeto de Lei da Câmara nº 101 de 2015 https://legis.senado.leg.br/sdleg-getter/documento?dm=3412222&ts=1630431517793&disposition=inline

Serpa, A. C. (2016). Compliance descomplicado: um guia simples e direto sobre o programa de compliance. Independente.

Shelley, L. (2014). Dirty entanglements. corruption, crime, and terrorism. New York, Cambridge University Press.

Shelley, L. (2018). Dark commerce: how a new illicit economy is threatening our future. New Jersey. Princeton University Press.

SOLAS. (1974). Convenção Internacional para a Salvaguarda da Vida Humana no Mar. Acesso em 29/03/2025. https://www.planalto.gov.br/ccivil_03/_ato2019-2022/2019/decreto/Anexo/And9988.pdf

STF. (2016). Boletim Informativo 814-STF, de 10 a 19/02/2016. Acesso em 15/09/2024. https://www.stf.jus.br/arquivo/informativo/documento/informativo815.htm

STF. (2025). Em dois anos, STF responsabilizou 898 pessoas por atos antidemocráticos de 8 de janeiro. Acesso em 10/03/2025. https://noticias.stf.jus.br/postsnoticias/em-dois-anos-stf-responsabilizou-898-pessoas-por-atos-antidemocraticos-de-8-de-janeiro/

Suíça. (2001). Customer due diligence for banks. Acesso em 13/10/2024. https://www.bis.org/publ/bcbs85.pdf

SUSEP. (2020). Circular SUSEP nº 612, de 18 de agosto de 2020. https://www2.susep.gov.br/safe/scripts/bnweb/bnmapi.exe?router=upload/23469

Taleb, N. N. (2021). A lógica do cisne negro. O impacto do altamente improvável. Rio de Janeiro. Objetiva.

Time Magazine. (29/10/2022). Putin stirs worry that Russia is stripping home-appliance imports for arms. Acesso em 14/9/2024. https://time.com/6226484/russia-appliance-imports-weapons/

United Nation Digital Library. (1990). Resolução do Conselho de Segurança das Nações Unidas S/RES/601. Acesso em 07/03/2023. https://digitallibrary.un.org/record/94221?ln=en

United State Attorney's Office, Eastern District of New York. Press Release. (2024). Li Fangwei charged in Manhattan Federal Court with using a web of front companies to evade U.S. sanctions. Acesso em 09/10/2024. https://www.justice.gov/usao-sdny/pr/li-fangwei-charged-manhattan-federal-court-using-web-front-companies-evade-us-sanctions

United State Attorney's Office, Eastern District of New York. Press Release. (2025). Russian-Canadian National pleads guilty to conspiracy to launder money from scheme to send UAV and missile components to Russia in violation of U.S. sanctions. Acesso em 25/09/2024. https://www.justice.gov/usao-edny/pr/russian-canadian-national-pleads-guilty-conspiracy-launder-money-scheme-send-uav-and

United State Attorney's Office, Eastern District of New York. Press Release. (2025). Five Russian Nationals, including suspected FSB Officer, and two U.S. Nationals charged with helping the Russian Military and Intelligence Agencies evade sanctions. Acesso em 08/03/2025. https://www.justice.gov/usao-edny/pr/five-russian-nationals-including-suspected-fsb-officer-and-two-us-nationals-charged

USA. (2022). Homeland Security. Weapons of mass destruction. Acesso em 15/3/2025. https://www.dhs.gov/topics/weapons-mass-destruction

Victor, C., Göktepe, M., Chiachiri, R., & Elemen, Y. (Orgs.). (2018). Posições diante do terrorismo. São Paulo. Labrador.

Vlecek, W. (2022). Terrorist financing. Newcastle. Agenda Publishing Limited.

Williams, B. G. (2015). Inferno in Chechnya: the Russian-Chechen Wars, the al Qaeda myth, and the Boston marathon bombing. University Press of New England. ForeEdge.

Wolfsberg Group. (2000). Who we are. Acesso em 13/10/2024. https://wolfsberg-group.org

Zetter, K. (2017). Contagem regressiva até zero day. Rio de Janeiro. Brasport.

APÊNDICE

Arcabouço Normativo Quanto à Proliferação de Armas de Destruição em Massa e seus Vetores de Entrega e seu Financiamento

Norma Nº	Início de Vigência	Tema	Iniciativa Nacional	Iniciativa Internacional	Multilateral	Bilateral	Não Proliferação	Contra Proliferação	Desnuclearização	Prevenção ao Financiamento	Resp. Civil	Resp. Criminal	Resp. Administrativa
Resolução nº 2028 (1961) CSONU	4 de dezembro de 1961	Urge os Estados a prevenir a proliferação		x	x		x						
Lei nº 4.118	27 de agosto de 1962	Dispõe sobre a política nacional de energia nuclear, cria a Comissão Nacional de Energia Nuclear, e dá outras providências	x								x	x	
Decreto nº 64.362	17 de abril de 1969	Promulga o Tratado sôbre Exploração e Uso do Espaço Cósmico.		x	x		x						
Decreto Legislativo nº 39	1º de Julho 1970	Aprova o texto do Protocolo de Genebra de 17 de junho de 1925, sobre a Proibição do Emprego na Guerra de Gases Asfixiantes, Tóxicos ou Similares e de Meios Bacteriológicos de Guerra.		x	x		x						
Decreto nº 75.963	11 de julho de 1975	Promulga o Tratado da Antártida.		x	x		x						

Norma Nº	Início de Vigência	Tema	Iniciativa Nacional	Iniciativa Internacional	Multilateral	Bilateral	Não Proliferação	Contra Proliferação	Desnuclearização	Prevenção ao Financiamento	Resp. Civil	Resp. Criminal	Resp. Administrativa
Decreto nº 77.374	1º de abril de 1976	Promulga a Convenção sobre a Proibição do Desenvolvimento, Produção e Estocagem de Armas Bacteriológicas (Biológicas) e à Base de Toxinas e sua Destruição		x	x		x						
Lei nº 6.453	17 de outubro de 1977	Dispõe sobre a responsabilidade civil por danos nucleares e a responsabilidade criminal por atos relacionados com atividades nucleares e dá outras providências	x								x	x	
Decreto nº 97.211	12 de dezembro de 1988	Promulga o Tratado sobre a Proibição da Colocação de Armas Nucleares e Outras Armas de Destruição em Massa no Leito do Mar e no Fundo do Oceano e em seu subsolo.		x	x		x						
Decreto nº 99.165	12 de março de 1990	Promulga a Convenção das Nações Unidas sobre o Direito do Mar		x	x		x					x	

Norma Nº	Início de Vigência	Tema	Iniciativa Nacional	Iniciativa Internacional	Multilateral	Bilateral	Não Proliferação	Contra Proliferação	Desnuclearização	Prevenção ao Financiamento	Resp. Civil	Resp. Criminal	Resp. Administrativa
Decreto Legislativo nº 221	de 21 dezembro de 1991	Aprova o texto do Acordo para o Uso Exclusivamente Pacífico da Energia Nuclear, assinado em Guadalajara, em 18 de julho de 1991, bem como o texto do Protocolo Adicional sobre Privilégios e Imunidades do Acordo em epígrafe, firmado em Brasília, em 20 de agosto de 1991 os dois celebrados entre o Governo da República Federativa do Brasil e o Governo da República da Argentina.	x	x		x			x				
Decreto nº 95	16 de abril de 1991	Promulga a Convenção sobre a Proteção Física do Material Nuclear.		x	x		x						
Decreto nº 225	7 de outubro de 1991	Promulga a Convenção sobre a Proibição do Uso Militar ou Hostil de Técnicas de Modificação Ambiental		x	x		x						

Norma Nº	Início de Vigência	Tema	Iniciativa Nacional	Iniciativa Internacional	Multilateral	Bilateral	Não Proliferação	Contra Proliferação	Desnuclearização	Prevenção ao Financiamento	Resp. Civil	Resp. Criminal	Resp. Administrativa
Decreto nº 439	3 de fevereiro de 1992	Promulga o Acordo para o Uso Exclusivamente Pacífico da Energia Nuclear, entre o Governo da República Federativa do Brasil e o Governo da República Argentina	x	x		x			x				
Decreto nº 911	3 de setembro de 1993	Promulga a Convenção de Viena sobre Responsabilidade Civil por Danos Nucleares, de 21/05/1963.		x	x		x				x		
Decreto Legislativo nº 11	9 de fevereiro de 1994	Aprova o texto do Acordo entre a República Federativa do Brasil a República Argentina, a Agência Brasileiro-Argentina de Contabilidade e Controle de Materiais Nucleares (ABACC) e Agência Internacional de Energia Atômica (AIEA) para aplicação de Salvaguardas, firmado em Viena, em 13 de dezembro de 1991.	x	x		x			x				

Norma Nº	Início de Vigência	Tema	Iniciativa Nacional	Iniciativa Internacional	Multilateral	Bilateral	Não Proliferação	Contra Proliferação	Desnuclearização	Prevenção ao Financiamento	Resp. Civil	Resp. Criminal	Resp. Administrativa
Decreto nº 1.065	24 de fevereiro de 1994	Promulga o Acordo entre a República Federativa do Brasil a República Argentina a Agência Brasileiro-Argentina de Contabilidade e Controle de Materiais Nucleares (ABACC) e a Agência Internacional de Energia Atômica (AIEA) para a Aplicação de Salvaguardas.	x	x	x				x		x		

Norma Nº	Início de Vigência	Tema	Iniciativa Nacional	Iniciativa Internacional	Multilateral	Bilateral	Não Proliferação	Contra Proliferação	Desnuclearização	Prevenção ao Financiamento	Resp. Civil	Resp. Criminal	Resp. Administrativa
Decreto nº 1.246	16 de setembro de 1994	Promulga o Tratado para a Proscrição das Armas Nucleares na América Latina e no Caribe (Tratado de Tlatelolco), concluído na Cidade do México, em 14 de fevereiro de 1967, e as Resoluções números 267 (E-V), de 3 de julho de 1990, 268 (XII), de 10 de maio de 1991, e 290 (VII), de 26 de agosto de 1992, as três adotadas pela Conferência Geral do Organismo para a Proscrição das Armas Nucleares na América Latina e no Caribe (OPANAL), na Cidade do México		x	x				x				

Norma Nº	Início de Vigência	Tema	Iniciativa Nacional	Iniciativa Internacional	Multilateral	Bilateral	Não Proliferação	Contra Proliferação	Desnuclearização	Prevenção ao Financiamento	Resp. Civil	Resp. Criminal	Resp. Administrativa
Resolução nº 984 (1995) CSONU	11 de abril de 1995	Evitar e prevenir o perigo de guerra nuclear, para impedir a propagação de armas nucleares, para facilitar cooperação internacional nos usos pacíficos da energia nuclear		x	x		x						
Lei nº 9.112	10 de outubro de 1995	Dispõe sobre a exportação de bens sensíveis e serviços diretamente vinculados	x				x				x	x	x

Norma Nº	Início de Vigência	Tema	Iniciativa Nacional	Iniciativa Internacional	Multilateral	Bilateral	Não Proliferação	Contra Proliferação	Desnuclearização	Prevenção ao Financiamento	Resp. Civil	Resp. Criminal	Resp. Administrativa
Decreto nº 2.074	14 de novembro de 1996	Cria a Comissão Interministerial para a aplicação dos dispositivos da Convenção Internacional sobre a Proibição do Desenvolvimento, Produção, Estocagem e Uso das Armas Químicas e sobre a Destruição das Armas Químicas existentes no mundo (CPAQ) e elenca as obrigações e deveres decorrentes da CPAQ.		x	x		x						
Lei nº 9.613	3 de março de 1998	Dispõe sobre os crimes de "lavagem" ou ocultação de bens, direitos e valores; a prevenção da utilização do sistema financeiro para os ilícitos previstos nesta Lei; cria o Conselho de Controle de Atividades Financeiras - COAF, e dá outras providências.	x										x

Norma Nº	Início de Vigência	Tema	Iniciativa Nacional	Iniciativa Internacional	Multilateral	Bilateral	Não Proliferação	Contra Proliferação	Desnuclearização	Prevenção ao Financiamento	Resp. Civil	Resp. Criminal	Resp. Administrativa
Decreto nº 2.587	12 de maio de 1998	Promulga o Acordo-Quadro sobre Cooperação em Aplicações Pacíficas de Ciência e Tecnologia Espaciais, celebrado entre o Governo da República Federativa do Brasil e o Governo da República Argentina, em Buenos Aires, em 9 de abril de 1996.	x	x		x			x				
Decreto nº 2.739	20 de agosto de 1998	Promulga a Convenção sobre Proibições ou Restrições ao Emprego de Certas Armas Convencionais, que Podem Ser Consideradas como Excessivamente Lesivas ou Geradoras de Efeitos Indiscriminados, conhecida como Convenção sobre Certas Armas Convencionais, adotada em Genebra, em 10 de outubro de 1980.		x	x		x						

Norma Nº	Início de Vigência	Tema	Iniciativa Nacional	Iniciativa Internacional	Multilateral	Bilateral	Não Proliferação	Contra Proliferação	Desnuclearização	Prevenção ao Financiamento	Resp. Civil	Resp. Criminal	Resp. Administrativa
Decreto nº 2.864	7 de dezembro de 1998	Promulga o Tratado sobre a Não-Proliferação de Armas Nucleares, assinado em Londres, Moscou e Washington, em 1º de julho de 1968.		x	x		x						
Decreto Legislativo nº 64	3 de março 1998	Aprova o texto do Tratado de Proibição Completa de Testes Nucleares - CTBT, concluído em Nova Iorque, em 24 de setembro de 1996.		x	x		x						
Decreto nº 2.977	1º de março de 1999	Promulga a Convenção Internacional sobre a Proibição do Desenvolvimento, Produção, Estocagem e Uso de Armas Químicas e sobre a Destruição das Armas Químicas Existentes no Mundo, assinada em Paris, em 13 de janeiro de 1993.		x	x		x						

Norma Nº	Início de Vigência	Tema	Iniciativa Nacional	Iniciativa Internacional	Multilateral	Bilateral	Não Proliferação	Contra Proliferação	Desnuclearização	Prevenção ao Financiamento	Resp. Civil	Resp. Criminal	Resp. Administrativa
Decreto nº 3.128	5 de agosto de 1999	Promulga a Convenção sobre a Proibição do Uso, Armazenamento, Produção e Transferência de Minas Antipessoal e sobre sua Destruição, aberta a assinaturas em Ottawa, em 3 de dezembro de 1997.		x	x		x						
Decreto nº 3.976	18 de outubro de 2001	Dispõe sobre a execução, no Território Nacional, da Resolução 1373 (2001) do Conselho de Segurança das Nações Unidas.		x	x		x			x		x	
Decreto nº 4.394	26 de setembro de 2002	Promulga a Convenção Internacional sobre a Supressão de Atentados Terroristas com Bombas, com reserva ao parágrafo 1 do art. 20		x	x		x			x			
Resolução nº 1566 (2004) CSONU	8 de outubro de 2004	Imperativo combater o terrorismo por todos os meios, em todass as suas formas e manifestações em conformidade com a Carta das Nações Unidas e o Direito Internacional		x	x					x			

Norma Nº	Início de Vigência	Tema	Iniciativa Nacional	Iniciativa Internacional	Multilateral	Bilateral	Não Proliferação	Contra Proliferação	Desnuclearização	Prevenção ao Financiamento	Resp. Civil	Resp. Criminal	Resp. Administrativa
Lei nº 11.105	24 de março de 2005	Cria o Conselho Nacional de Biossegurança – CNBS, reestrutura a Comissão Técnica Nacional de Biossegurança – CTNBio, dispõe sobre a Política Nacional de Biossegurança	x								x	x	x
Resolução nº 1887 (2009) CSONU	24 de setembro de 2009	Resolvendo buscar um mundo mais seguro para todos e criar as condições para um mundo sem armas nucleares, de acordo com os objetivos do Tratado da Não Proliferação de Armas Nucleares (NPT), de forma a promover o estabilidade, e com base no princípio da segurança inalterada para todos		x	x		x						

Norma Nº	Início de Vigência	Tema	Iniciativa Nacional	Iniciativa Internacional	Multilateral	Bilateral	Não Proliferação	Contra Proliferação	Desnuclearização	Prevenção ao Financiamento	Resp. Civil	Resp. Criminal	Resp. Administrativa
Decreto nº 7.722	20 de abril de 2012	Dispõe sobre a execução no Território Nacional das Resoluções nº 1540 (2004), e nº 1977 (2011), adotadas pelo Conselho de Segurança das Nações Unidas em 28 de abril de 2004 e em 20 de abril de 2011, as quais dispõem sobre o combate à proliferação de armas de destruição em massa e sobre a vigência do Comitê 1540.		x	x		x			x			x
Lei nº 13.260	16 de março de 2016	Regulamenta o disposto no inciso XLIII do art. 5º da Constituição Federal, disciplinando o terrorismo, tratando de disposições investigatórias e processuais e reformulando o conceito de organização terrorista	x				x			x		x	

Norma Nº	Início de Vigência	Tema	Iniciativa Nacional	Iniciativa Internacional	Multilateral	Bilateral	Não Proliferação	Contra Proliferação	Desnuclearização	Prevenção ao Financiamento	Resp. Civil	Resp. Criminal	Resp. Administrativa
Decreto nº 8.793	29 de junho de 2016	Fixa a Política Nacional de Inteligência	x										
Lei nº 13.810	8 de março de 2019	Dispõe sobre o cumprimento de sanções impostas por resoluções do Conselho de Segurança das Nações Unidas, incluída a indisponibilidade de ativos de pessoas naturais e jurídicas e de entidades, e a designação nacional de pessoas investigadas ou acusadas de terrorismo, de seu financiamento ou de atos a ele correlacionados; e revoga a Lei nº 13.170, de 16 de outubro de 2015		x	x		x			x			x

Norma Nº	Início de Vigência	Tema	Iniciativa Nacional	Iniciativa Internacional	Multilateral	Bilateral	Não Proliferação	Contra Proliferação	Desnuclearização	Prevenção ao Financiamento	Resp. Civil	Resp. Criminal	Resp. Administrativa
Decreto nº 9.967	8 de agosto de 2019	Promulga a Convenção Internacional para a Supressão de Atos de Terrorismo Nuclear, firmada pela República Federativa do Brasil, em Nova York, em 14 de setembro de 2005		x	x		x					x	
Decreto nº 10.030	30 de setembro de 2019	Aprova o Regulamento de Produtos Controlados.	x				x						x
Portaria nº 118 - COLOG	4 de outubro de 2019	Dispõe sobre a lista de Produtos Controlados pelo Exército e dá outras providências.	x				x						
Decreto nº 10.270	6 de março de 2020	Institui o Grupo de Trabalho de Avaliação Nacional de Riscos de Lavagem de Dinheiro, Financiamento do Terrorismo e Financiamento da Proliferação de Armas de Destruição em Massa	x				x			x			

Norma Nº	Início de Vigência	Tema	Iniciativa Nacional	Iniciativa Internacional	Multilateral	Bilateral	Não Proliferação	Contra Proliferação	Desnuclearização	Prevenção ao Financiamento	Resp. Civil	Resp. Criminal	Resp. Administrativa
Resolução nº 32	14 de outubro de 2020	Diretrizes Gerais para Exportação de Bens Relacionados a Mísseis e Serviços Diretamente Vinculados e das Instruções para Realização de Operações de Exportação de Bens Relacionados a Mísseis e Serviços Diretamente Vinculados	x				x						

Norma Nº	Início de Vigência	Tema	Iniciativa Nacional	Iniciativa Internacional	Multilateral	Bilateral	Não Proliferação	Contra Proliferação	Desnuclearização	Prevenção ao Financiamento	Resp. Civil	Resp. Criminal	Resp. Administrativa
Resolução COAF nº 36	10 de março de 2021	Disciplina a forma de adoção de políticas, procedimentos e controles internos de prevenção à lavagem de dinheiro, ao financiamento do terrorismo e ao financiamento da proliferação de armas de destruição em massa que permitam o atendimento ao disposto nos arts. 10 e 11 da Lei nº 9.613, de 3 de março de 1998, por aqueles que se sujeitem, nos termos do seu art. 14, § 1º, à supervisão do Conselho de Controle de Atividades Financeiras - Coaf	x				x			x			x
Lei nº 14.222	15 de outubro de 2021	Cria a Autoridade Nacional de Segurança Nuclear (ANSN)	x				x						x

Norma Nº	Início de Vigência	Tema	Iniciativa Nacional	Iniciativa Internacional	Multilateral	Bilateral	Não Proliferação	Contra Proliferação	Desnuclearização	Prevenção ao Financiamento	Resp. Civil	Resp. Criminal	Resp. Administrativa
Resolução CVM nº 50	31 de agosto 2021	Dispõe sobre a prevenção à lavagem de dinheiro, ao financiamento do terrorismo e ao financiamento da proliferação de armas de destruição em massa – PLD/FTP no âmbito do mercado de valores mobiliários e revoga a Instrução CVM nº 617, de 5 de dezembro de 2019 e a Nota Explicativa à Instrução CVM nº 617, de 5 de dezembro de 2019.	x				x			x			
Portaria nº 212 - COLOG/C Ex	15 de setembro de 2021	Dispõe sobre a aprovação das normas relativas aos procedimentos administrativos do Sistema Nacional de Rastreamento de Produtos Controlados pelo Exército (SisNaR).	x				x						

Norma Nº	Início de Vigência	Tema	Iniciativa Nacional	Iniciativa Internacional	Multilateral	Bilateral	Não Proliferação	Contra Proliferação	Desnuclearização	Prevenção ao Financiamento	Resp. Civil	Resp. Criminal	Resp. Administrativa
Portaria – C Ex nº 1.757,	31 de maio de 2022	Aprova as Instruções Gerais para o Sistema de Fiscalização de Produtos Controlados pelo Exército Brasileiro (EB10-IG-03.001).	x				x						x
Portaria MJSP nº 204	21 de outubro de 2022	Estabelece procedimentos para o controle e a fiscalização de produtos químicos e define os produtos químicos sujeitos a controle pela Polícia Federal.	x				x						x

Made in the USA
Monee, IL
04 November 2026

67377531R00085